Monika Rammert / Elke Wild

Hausaufgaben ohne Stress

Das Buch

Eine Klassenarbeit steht an, Vokabeln müssen abgefragt, die Hausaufgaben wollen erledigt werden – die meisten Eltern wollen helfen, aber nicht selten führt das Lernen zu Hause zu Frust und Kampf mit dem Nachwuchs. Wie Sie Ihr Kind zu motiviertem und selbstständigem Lernen hinführen können, ist Gegenstand dieses Ratgebers.

Monika Rammert und Elke Wild sind Expertinnen auf ihrem Gebiet. Wissenschaftlich gut fundiert, aber ohne großen theoretischen Ballast geben sie Eltern konkrete Tipps und Übungen, mit deren Hilfe eine vertrauensvolle Lernatmosphäre geschaffen und das Kind ermutigt werden kann, Lösungen selbst und ohne Druck zu finden. Stärken des Kindes werden gefördert, die Freude am Lernen wird geweckt. So ermöglichen Eltern ihren Kindern wichtige Erfolgserlebnisse.

Lernlust statt Lernfrust: Das konstruktive Hausaufgaben-Begleitbuch für Eltern!

Die Autorinnen

Monika Rammert, Dr. phil., ausgebildete Erzieherin, Dipl. Psychol., ist Leiterin der Schulpsychologischen Beratung im Kreis Gütersloh und Mitbegründerin und Lerntherapeutin des Zentrums für Angewandte Pädagogische Psychologie (ZAPP Bielefeld). Sie hat maßgeblich an der Entwicklung und Durchführung des Elterntrainings „Lernlust statt Lernfrust“ mitgearbeitet und die Wirksamkeit des Trainings in ihrer Promotionsarbeit nachgewiesen.

Elke Wild, Dr. phil., ist Professorin für pädagogische Psychologie und Leiterin der Pädagogisch-Psychologischen Beratungsstelle der Universität Bielefeld. Häusliches Lernen und Motivation bilden Schwerpunkte ihrer Tätigkeit. Sie hat verschiedene Elterntrainings entwickelt, deren Leitideen in diesem Buch gebündelt präsentiert werden.

Monika Rammert/Elke Wild

Hausaufgaben ohne Stress

Die besten Tipps für entspanntes Lernen zu Hause

HERDER

FREIBURG · BASEL · WIEN

Herder spektrum Band 6661

MIX
Papier aus verantwortungsvollen Quellen
FSC® C083411

Titel der Originalausgabe:
Hausaufgaben ohne Stress. Informationen und Tipps für Eltern

Vollständig überarbeitete und erweiterte Neuausgabe

www.herder.de

Umschlagkonzeption: Agentur R·M·E Roland Eschlbeck
Umschlaggestaltung: Verlag Herder
Umschlagmotiv: © Mauritius Images

Satz: Dtp-Satzservice Peter Huber, Freiburg
Herstellung: CPI books GmbH, Leck

Printed in Germany

ISBN: 978-3-451-06661-0

Inhalt

Liebe Leserin, lieber Leser,

warum sind Sie auf der Suche nach einem Elternratgeber? Vielleicht weil Sie es leid sind, dass der Familiensegen schief hängt, sobald das Thema „Hausaufgaben“ auf den Tisch kommt? Oder weil Sie sich fragen, ob Ihr Kind bestmöglich gefördert wird? Vielleicht möchten Sie sich auch einfach nur vergewissern, dass Sie „richtig liegen“ mit der Art und Weise, wie Sie Ihr Kind in seiner schulischen Entwicklung begleiten und unterstützen? Was auch immer Ihr Anliegen sein mag – wir denken, dass die Lektüre dieses Buchs für Sie gewinnbringend sein könnte und zwar aus drei Gründen.

Zum einen haben wir diesen Ratgeber für Familien geschrieben, deren Lebens- und Problemlagen ganz unterschiedlich sein können. In unsere Beratung kommen nicht nur Eltern, deren Kinder mit schulischen Leistungs- oder Motivationsproblemen kämpfen oder Verhaltensauffälligkeiten zeigen. Unter den Ratsuchenden sind vielmehr auch Eltern, die Hinweise bekommen möchten, wie sie den Wissensdurst ihres begabten Kindes stillen können, oder alleinerziehende und berufstätige Eltern, die sich sorgen, der Lernentwicklung ihres Kindes nicht genügend Aufmerksamkeit schenken zu können.

Die in der Ratgeberliteratur verbreitete Zusammenstellung von strikt zu befolgenden „Rezepten“ geht daher unseres Erachtens an der Vielfältigkeit der Anliegen und Nöte von Eltern vorbei, aber oft auch an den lebenspraktischen Bedingungen. *Wir bieten stattdessen ein breites Spektrum an Lösungsansätzen, aus dem Eltern bedarfsgerecht auswählen können. Gleichwohl werden nur solche Tipps vorgestellt, die vergleichsweise wenig Zeit beanspruchen und keine speziellen Fachkenntnisse voraussetzen – also in jeder Familie umsetzbar sein sollten.*

Einen weiteren Vorteil unseres Ratgebers sehen wir zum anderen darin, dass er das häusliche Lernen in dessen realer Bandbreite in den Blick nimmt und dementsprechend aufzeigt, in welcher Weise Eltern nicht nur die Leistungsentwicklung ihrer Kinder unterstützen, sondern gleichsam „nebenbei" dazu beitragen können, dass diese gerne lernen und ihren natürlichen Wissensdrang nicht verlieren.

Wenn wir dabei von „Hausaufgaben" sprechen, knüpfen wir nicht an herkömmliche (eng gefasste) Definitionen an, sondern bewusst an dem breiteren Alltagsverständnis von Eltern. Denn wie wir aufgrund unserer praktischen Erfahrung sagen können, fassen diese hierunter ganz selbstverständlich die Vorbereitung auf die nächste Klassenarbeit, die Hilfe bei einem Referat, die Einübung von Lerntechniken oder auch die Unterstützung des Kindes bei der konstruktiven Verarbeitung von Misserfolgen. Indem wir uns also bewusst *nicht* auf vom Lehrer veranlasste Lehr-Lern-Aktivitäten im Elternhaus (wie „klassische" Hausaufgabensituationen) beschränken, möchten wir zunächst Familien mit ihren „ganz normalen" Anliegen und Fragen abholen. Gleichzeitig berücksichtigen wir auf diese Weise aber auch wissenschaftliche Erkenntnisse, wonach sich das Verhältnis von Elternhaus und Schule wandelt. Während sich Eltern immer mehr für Lern- und Leistungsfragen verantwortlich fühlen, die traditionell in den Zuständigkeitsbereich der Lehrkräfte fallen, sind Schulen zunehmend gefordert, erzieherische Funktionen zu übernehmen, die lange Zeit als „Recht und Pflicht" der Eltern betrachtet wurden. Daraus ergeben sich neue (und wachsende) Abstimmungserfordernisse, auf die alle Schultypen mit neuen Formen der Eltern-Lehrer-Kooperation reagieren müssen. Ganztagsschulen sind hierbei – im

Widerspruch zu gängigen Stereotypen – keineswegs ausgenommen, sondern im Gegenteil besonders gefordert. Denn weil die schulische Hausaufgabenbetreuung meist nicht verpflichtend ist und unter unterschiedlichen (personellen, zeitlichen und räumlichen) Rahmenbedingungen stattfindet, fragen sich Eltern, ob sie dieses Angebot in Anspruch nehmen sollen, wie dessen Qualität zu beurteilen ist und mit wem sie die Lernfortschritte ihres Kindes besprechen können. *Mit unserem Buch möchten wir daher allen Leserinnen und Lesern eine Idee von „guter Anleitung" vermitteln, die sie als Richtschnur bei der Bewertung ihres eigenen Handelns und das anderer Personen zugrunde legen können.*

Der zuletzt genannte Punkt leitet über zu unserem dritten Anliegen. Vorliegende Statistiken belegen, dass sich Eltern zunehmend verunsichert fühlen und entsprechend die Nachfrage nach professioneller Beratung steigt, zugleich aber auch ein „Boom" an Ratgebern zu verzeichnen ist. Vielleicht stehen Sie selbst gerade in einer Buchhandlung und sind unschlüssig, welchen der vielen Elternratgeber Sie kaufen sollen? Schließlich klingen die meisten Titel vielversprechend... Auch wir haben uns „auf dem Markt" umgesehen und uns entschlossen, dieses Buch zu schreiben, *weil wir wissenschaftlich begründete Empfehlungen einer breiten Öffentlichkeit zugänglich machen wollen.* Die sehr positive Resonanz auf die Erstauflage freut uns daher und stimmt uns zuversichtlich, dass wir wichtige Forschungserkenntnisse und daraus ableitbare praktische Schlussfolgerungen vermitteln konnten, ohne uns eines „fachchinesischen Jargons" zu bedienen.

Zu guter Letzt möchten wir Ihnen noch einen Hinweis zur Handhabung dieses Ratgebers mit auf den Weg geben.

Alle Abschnitte, die mit

Daten und Fakten überschrieben sind, enthalten Informationen, die eine Einbettung der Tipps und Anregungen in einen theoretischen Kontext ermöglichen. Die Grundlage hierfür bilden Erkenntnisse aus Befragungen von Eltern und Kindern sowie die Ergebnisse aus jahrzehntelanger Motivationsforschung.

Sie finden zwei Arten **praktischer Übungen**, die mit diesem Zeichen eingeleitet werden. Zum einen zeigen wir Ihnen Möglichkeiten, Ihre eigene Situation zu betrachten und Ihr Verhalten ganz konkret unter die Lupe zu nehmen. Zum anderen können Sie neue Verhaltensweisen ausprobieren und trainieren.

Wir empfehlen Ihnen, sich eine Mappe anzulegen, in die Sie alle Arbeitsblätter einheften können.

Um maximalen persönlichen Gewinn aus den Übungen zu ziehen, bitten wir Sie um folgende Dinge:

- Bevor Sie mit einer Übung beginnen, stellen Sie sicher, dass Sie während der nächsten ca. 30 Minuten ungestört und konzentriert sein können.
- Gehen Sie bei den Übungen Schritt für Schritt vor, d.h. beantworten Sie *zuerst* die Fragen, bevor Sie weiterlesen, damit Sie Ihre Antworten möglichst unbeeinflusst formulieren können.

Selbsteinsichten sind nicht immer schmeichelhaft. Seien Sie dennoch ehrlich zu sich selbst! Niemand wird Ihre Arbeitsblätter lesen, wenn Sie dies nicht möchten.

Die Zeichen und kennzeichnen praktische Hinweise darauf, wie Sie sich verhalten können bzw. was Sie vermeiden sollten.

Das Symbol 

soll Sie daran erinnern, die vorangegangene Übung zu bearbeiten, bevor Sie weiterlesen.

Jedes Kind ist anders und niemand kennt Ihr Kind so gut wie Sie. Bringen Sie daher Ihre Ideen bei der Umsetzung unserer Lösungsvorschläge ein! Wie die meisten Eltern werden Sie bestrebt sein, so gut wie möglich und zum Wohle Ihres Kindes zu handeln. Wenn Sie also Ihrem gesunden Empfinden als Mutter oder Vater vertrauen und bereit sind, Ihre bisherigen Erfahrungen sorgsam zu überdenken und neue Wege des Umgangs mit immer wiederkehrenden Konfliktsituationen zu beschreiten, werden Sie hierzu viele Anregungen finden und diese „passgenau“ für Ihre Familiensituation realisieren können.

Einige Leserinnen und Leser, die mit besonderen Anforderungen konfrontiert sind, mögen sich trotz aller Tipps ihrer Verantwortung nicht gewachsen fühlen. Gleichgültig, ob hierfür extreme Verhaltensauffälligkeiten des Kindes, mutmaßliche Lernbeeinträchtigungen oder schwierige Lebensumstände (z. B. im Zuge einer Trennung/Scheidung) ausschlaggebend sein mögen – in all diesen Fällen ist es sinnvoll, sich an Schulpsychologen, Erziehungsberater oder andere Fachkräfte zu wenden, um eine tiefergehende und individuelle Unterstützung zu bekommen.

Nun aber wünschen wir erst mal allen viel Spaß bei der Lektüre dieses Buches, das Ihnen hoffentlich viele „Aha“-Erlebnisse vermittelt!

Die Autorinnen

Anmerkung:
Aufgrund der besseren Lesbarkeit haben wir uns entschieden, weitgehend die männliche Form (z. B. Lehrer, Schüler) zu wählen. Selbstverständlich sind hier alle gemeint!

Kapitel 1

Das wächst mir über den Kopf! – Erziehung heute

Fast jeder, der mit Kindern lebt, wird zustimmen, dass es große Freude bereitet, sie heranwachsen zu sehen und zu erleben, wie sie sich entwickeln. Ebenso wird wahrscheinlich nahezu jeder die Meinung teilen, dass Erziehung eine große Herausforderung und manchmal auch Belastung bedeutet.

Immer mehr Eltern, Lehrkräfte und andere Erzieher fühlen sich durch erzieherische Probleme überfordert und suchen nach professioneller Unterstützung. So nahmen lt. Statistischem Bundesamt (2011) im Jahr 2010 rund 367 000 Kinder bis 13 Jahre (und ihre Eltern) in Deutschland eine erzieherische Hilfe durch das Jugendamt oder in der Erziehungsberatungsstelle in Anspruch.

Dies ist kein Armutszeugnis für die Eltern dieser Zeit; es spiegelt in unseren Augen vielmehr die große Bereitschaft und den Wunsch wider, die Situation zum Wohle des Kindes, aber auch in Einklang mit den eigenen Bedürfnissen optimal zu gestalten.

Zu keiner Zeit hatte Erziehung einen so hohen Stellenwert wie heute. Nie standen das Wohl und die Entwicklung des Kindes so sehr im Mittelpunkt. Aufgrund der stark veränderten Erziehungsaufgaben und dem damit zeitweise einhergehenden Gefühl der Überforderung ist die Entscheidung von Eltern, sich professionellen Rat zu suchen, ausdrücklich zu begrüßen.

Viele würden ja auch nicht auf die Idee kommen, ohne entsprechendes technisches Wissen ihre defekte Waschmaschine selbst reparieren zu wollen. Viel zu lange galt es als Tabu oder als Zeugnis der eigenen Unfähigkeit, auf fremde

Hilfe zurückzugreifen, wenn man in bestimmten Situationen mit dem eigenen Kind nicht klarkommt. Glücklicherweise hat sich in dieser Hinsicht ein Bewusstseinswandel vollzogen.

Woher soll ich denn wissen, „wie eine gute“ Erziehung aussieht?

Wäre es nicht hilfreich, wenn es eine „Elternschule“ gäbe?

Fragt sich nur, welche „Fächer“ darin unterrichtet werden müssten und wer als „Lehrer“ geeignet wäre!

Viele Eltern sind in ihrem Erziehungsverhalten stark von den eigenen Erfahrungen geprägt.

- Vielleicht kennen Sie die Momente, in denen Sie irgendwie das Gefühl haben, Ihre eigene Mutter oder Ihr Vater spreche aus Ihnen.
- Haben Sie nicht auch schon beobachtet, dass Ihr Sohn oder Ihre Tochter im Spiel mit einer Puppe oder im Umgang mit kleineren Kindern genau Ihre Wortwahl und sogar Ihren Tonfall imitiert?

Eigene Erfahrungen, Alltagstheorien und übernommene Ideologien müssen allerdings nicht immer richtig oder angemessen sein, zumal Erziehung auch Vorbereitung auf eine *andere* Gesellschaft bedeutet.

Selbstverständlich gibt es nicht *das* richtige Erziehungsverhalten! Wir möchten an dieser Stelle erneut betonen, dass *Sie* die „Experten“ für Ihr Kind sind. Niemand kennt Ihr Kind so gut wie Sie und daher kann Ihnen niemand sagen, was für Ihren Sohn bzw. Ihre Tochter richtig oder falsch ist. Allerdings gibt es einige allgemeine Erkenntnisse, welche erzieherischen Verhaltensweisen besonders förderlich oder beeinträchtigend auf die Entwicklung von Kindern wirken. Diese sind Gegenstand zahlreicher Elternratgeber und Elternkurse zum allgemeinen Erziehungsverhalten und werden hier nicht weiter vorgestellt.

Wir widmen uns in diesem Buch gezielt dem Bereich des Lernens zu Hause, weil in vielen Familien die Erledigung der täglichen Hausaufgaben oder die Vorbereitung auf eine Klassenarbeit zu massiven, immer wiederkehrenden Konflikten und Auseinandersetzungen führt.

Unter dem Titel „Eltern werden ist nicht schwer, Eltern sein dagegen sehr“ starteten wir 2001 an der Universität Bielefeld eine lang angelegte Studie zum Thema „Elternhaus und Schule“. Aufgrund zahlreicher Forschungsergebnisse gilt als gesichert, dass das Umfeld „Familie“ einen ebenso großen Einfluss auf die Schulleistungen, den Wissenszuwachs, die Lernmotivation und die Bildungslaufbahn der Kinder hat wie die Schule selbst.

Uns interessierte vor allem die Frage, wie Eltern sich verhalten, deren Kinder nach eigener Aussage Spaß am Lernen haben und motiviert sind, ihr Wissen zu erweitern. Die Erkenntnisse, die wir aus unseren Befragungen von 300 Kindern und Eltern gewonnen haben, waren die Basis für ein Elterntraining, das wir im Frühjahr 2005 mit 40 Müttern durchführten.

In diesem Buch stellen wir Ihnen vor, wie Sie nach aktuellen Erkenntnissen der Forschung Ihr Kind positiv beim Lernen unterstützen und fördern können.

Wann besteht die Notwendigkeit, etwas zu verändern?

Sicher gibt es dafür kein festgelegtes Kriterium. Vielmehr entsteht die Motivation zu Veränderung durch ein Missverhältnis zwischen der tatsächlichen Situation und dem Idealbild, das man hat, oder den als wichtig erachteten Zielen.

So werden auch Sie Ihre Gründe haben, dieses Buch in der Hand zu halten! Sicherlich nicht deshalb, weil bei Ihnen im Alltag alles reibungslos läuft!

Zu Beginn einer Veränderungsphase fehlt allerdings häufig eine klare Vorstellung von den eigenen Zielen und Lösungswegen. Nicht selten verschwimmt alles in einem Brei aus Hilflosigkeit und Resignation. Dann ist es wichtig und hilfreich, sich zunächst eine klare Sicht zu verschaffen, d.h. eine Bestandsaufnahme zu machen. Dazu zählt auch, neben den Problemen, die den Alltag häufig bestimmen, das Gute zu sehen.

Bitte nehmen Sie ein A4-Blatt zur Hand, teilen es in zwei Hälften und überschreiben Sie es wie abgebildet. Füllen Sie beide Spalten mit allem, was Ihnen dazu einfällt.

Die Stärken meines Kindes	Meine Stärken in der Erziehung
...	...
...	...

Ziel dieser Übung war es, Ihre Aufmerksamkeit auf das zu lenken, was gut läuft, worauf Sie stolz sein können, und dem Gefühl entgegenzuwirken, bisher das meiste falsch gemacht zu haben.

Bitte nehmen Sie nun ein zweites Blatt und notieren Sie alles, was Ihnen zu den folgenden Überschriften in den Sinn kommt:

Verhaltensweisen und Eigenschaften meines Kindes, mit denen ich unzufrieden bin	Meine Verhaltensweisen in der Erziehung, mit denen ich unzufrieden bin
...	...
...	...

Mit diesem zweiten Teil der Übung haben Sie für sich selbst die Punkte gesammelt, an denen Sie ansetzen können, und sicher werden Sie bei der Lektüre dieses Buches noch auf andere Themen stoßen. Erziehung ist kein einseitiges Geschehen, vielmehr ein Prozess gegenseitiger Einflussnahme, d. h. ebenso wie Eltern ihre Kinder erziehen, beeinflussen Kinder das Verhalten ihrer Eltern.

> Das, was Sie Ihrem Kind geben, bekommen Sie von Ihrem Kind zurück. Gehen Sie positiv auf Ihr Kind ein, bekommen Sie Positives zurück. Verhalten Sie sich ungeduldig und aggressiv, wird sich auch Ihr Kind in gleicher Weise Ihnen gegenüber verhalten. Wenn Sie etwas verändern wollen, fangen Sie also am besten beim eigenen Verhalten an!

Das heißt: Durch *eigenes* geändertes Verhalten kann auch das Verhalten des Kindes beeinflusst werden.

Wo aber sitzt der Hebel, den Sie umlegen können, um dies zu gewährleisten?

Erfahrungen aus der Fortbildung mit Lehrern zeigen: Bemühungen, das eigene Verhalten zu ändern, versprechen wenig Erfolg, wenn die Alltags-Annahmen und inneren Einstellungen unberücksichtigt bleiben.

Daher ist der erste Schritt, dass Sie sich mit Ihren eigenen Wahrnehmungen und Einstellungen auseinander setzen, um dann z. B. automatisierte erzieherische Verhaltensmuster aufbrechen zu können.

- Lassen Sie sich inspirieren und finden Sie für sich heraus, welche der von uns aufgezeigten Wege für Sie angemessen sind.
- Versuchen Sie nicht, gleich einer „Erziehungsmaschine“ alles richtig zu machen, sondern bleiben Sie authentisch, bleiben Sie Sie selbst!
- Erwarten Sie nicht zu viel von sich! Veränderungen sind manchmal langwierig, gerade dann, wenn es um das Aufbrechen von Routinen geht.

Haben Sie nicht das große Ziel vor Augen, perfekte Eltern zu werden, die ihr Kind perfekt erziehen. Setzen Sie sich angemessene, realistische Ziele und richten Sie Ihre Aufmerksamkeit jeweils auf den nächsten Schritt und das nächste erreichbare Ziel.

Kapitel 2

Täglich Stress mit den Hausaufgaben?

Meistens fängt es ja ganz harmlos an und ich nehme mir auch immer wieder vor, heute ganz ruhig und geduldig zu bleiben. Aber wenn der Kerl einfach nicht in die Pötte kommt und ich zum dritten Mal sagen muss „Pack jetzt endlich deine Sachen auf den Tisch und fang an!", dann könnte ich schon wieder ausrasten. (Heike S., 41)

Dies ist nur eine Möglichkeit, wie der Stress mit den Hausaufgaben beginnen kann. So besonders und unterschiedlich Sie und Ihr Kind sind, so individuell ist auch Ihre Situation, wenn es um die Hausaufgaben geht.

Manche Kinder haben, so wie im Beispiel oben, Probleme anzufangen. Anderen fällt es schwer, bei der Sache zu bleiben und ihre Aufmerksamkeit auf das zu lenken, was gerade wichtig ist. Und einige sind einfach frustriert, weil sie ihre Aufgaben nicht bewältigen können.

Mit der folgenden Übung möchten wir Sie dabei begleiten, Ihre ganz persönliche Situation zu betrachten, um so die problematischen Punkte genauer eingrenzen zu können.

Bitte denken Sie nun an die letzte Lernsituation, bei der es zwischen Ihnen und Ihrem Kind zu einem Konflikt gekommen ist. Nehmen Sie Zettel und Stift zur Hand und beantworten Sie die folgenden Fragen möglichst genau:

Worum ging es in der Konfliktsituation?
Wie hat der Konflikt begonnen?
Wodurch hat sich die Situation hochgeschaukelt?
Wie endete die Situation?

Ist dies eine typische Konfliktsituation gewesen?
Wenn nein, wie verlaufen Konflikte häufig bei Ihnen?

Legen Sie diese Situationsbeschreibung in eine Mappe. Schritt für Schritt werden wir Sie bei der Suche nach den Ursachen für Ihre ganz persönliche Konfliktsituation unterstützen und Ihnen Lösungsmöglichkeiten aufzeigen.

Dabei werden wir die folgenden Fragen näher betrachten:

- Wie ist Ihre Einstellung zum Lernen zu Hause?
- Welche schulischen Ziele verfolgen Sie? Stehen diese in Einklang mit Ihren allgemeinen Erziehungszielen?
- Wie beeinflussen Ihre Gefühle die Lernsituation mit Ihrem Kind?
- Welche konkreten Lernstrategien unterstützen Ihr Kind beim selbstständigen Lernen?
- Was können Sie tun, um bei Ihrem Kind die Lust am Lernen zu fördern?
- Wie können Sie Ihr Kind im Umgang mit seinen Gefühlen wie Wut, Frustration und Angst unterstützen?

Das Inhaltsverzeichnis zeigt Ihnen, in welchem Kapitel Sie die Informationen und Übungen finden können, die wir zur Bearbeitung des jeweiligen Themas zusammengestellt haben.

Wir empfehlen Ihnen an dieser Stelle ausdrücklich, sich bei der Reihenfolge, in der Sie die Kapitel lesen, von Ihren persönlichen Interessen und Schwerpunkten leiten zu lassen.

Kapitel 3

Müssen Hausaufgaben wirklich sein? Wie ist meine Einstellung zum häuslichen Lernen?

Entscheiden Sie sich zunächst für die Aussage, die Ihrer Meinung am ehesten entspricht:

1. Ich bin der Meinung, dass Hausaufgaben sinnvoll sind!
2. Ich bin der Meinung, dass Hausaufgaben überflüssig sind!

Wenn Sie sich für die erste Aussage entschieden haben, fahren Sie mit Übung I fort. Haben Sie sich für die zweite Aussage entschieden, bearbeiten Sie Übung II. In beiden Fällen fahren Sie anschließend mit Übung III fort.

Übung I:

Stellen Sie sich bitte die folgende Situation vor: Sie sitzen im Freundeskreis beim gemütlichen Abendessen zusammen und das Gespräch dreht sich um das Thema „Hausaufgaben". Ihre Freunde vertreten die Ansicht, dass Hausaufgaben völlig *nutzlos* sind.

Nehmen Sie nun bitte Zettel und Stift zur Hand und sammeln Sie alle Argumente, mit denen Sie die Hausaufgabengegner davon überzeugen könnten, ihre Sichtweise zu ändern.

Übung II:

Stellen Sie sich bitte die folgende Situation vor: Es ist Nachmittag, das Geschirr vom Mittagessen ist gespült und Sie denken genervt an die bevorstehenden Hausaufgaben, die Ihr Kind heute erledigen muss. Wieder einmal fragen Sie sich, wozu das eigentlich gut sein soll …

Nehmen Sie nun bitte Zettel und Stift zur Hand und schreiben zunächst alle Argumente *gegen* Hausaufgaben auf.

Nachdem Sie die Gegenargumente gesammelt haben, überlegen Sie, welche Begründungen es *für* Hausaufgaben geben könnte.

Überprüfen Sie, ob Sie bei Ihrer Meinung bleiben, dass Hausaufgaben keinen Sinn haben!

Daten und Fakten:

Wir haben für Sie einige Gründe zusammengestellt, die aus wissenschaftlicher Sicht *für* das Lernen zu Hause sprechen.

Selbstständiges Lernen:

Das Lernen zu Hause gibt dem Kind die Möglichkeit, selbstständig und selbstbestimmt zu handeln.

Während es im Unterricht vorwiegend im Klassenverband lernt, steht zu Hause das individuelle Lernen im Vordergrund und das Kind kann die Verantwortung für den Inhalt und die Vollständigkeit seiner Aufgaben übernehmen.

Individuelles Lerntempo:

Zu Hause ist es leichter als im Unterricht, jedem Kind die Zeit einzuräumen, die es zur Erledigung seiner Aufgaben benötigt.

Studien weisen auf enorme Unterschiede in der Lernzeit hin, die leistungsstarke und -schwache Schüler benötigen. Innerhalb der Familie können diese Unterschiede berücksichtigt werden, da es keine Zeitvorgaben gibt und dem Kind ausreichend Zeit zum Üben eingeräumt werden kann. Gerade schwächere Schüler haben unter den Bedingungen des häuslichen Lernens die Chance, Unterrichtsinhalte nachzuarbeiten, sodass sie den Anschluss nicht verlieren.

Individuelle Rückmeldung:

Sie haben die Lerngeschichte Ihres Kindes von Anfang an verfolgen können.

Das versetzt Sie in die Lage, Ihrem Kind eine Rückmeldung zu geben, die sich auf seine ganz persönlichen Lernfortschritte bezieht. Dies ist für Lehrer, auch wenn sie die Stärken und Schwächen einzelner Schüler gut einschätzen können, aufgrund der Klassengröße häufig schwierig. Dort findet durch die Schulnoten in der Regel ein Vergleich mit den Mitschülern statt. Vor allem schwächere Schüler, die im Klassenvergleich häufig auf den unteren Rängen bleiben, können durch eine individuelle Rückmeldung ihren Lernerfolg erkennen. Dies ist wichtig für die Lernmotivation und die Persönlichkeitsentwicklung.

Aufgabenschwierigkeit und Fähigkeiten des Kindes:

Lehrer stellen die Hausaufgaben in der Regel für die ganze Klasse und nicht differenziert für die einzelnen Schüler entsprechend ihren individuellen Leistungen.

Sie haben als Eltern die Möglichkeit, den Grad der Hilfestellung zu bestimmen. Geben Sie Hilfestellungen, die den Fähigkeiten Ihres Kindes angemessen sind.

Das heißt nicht, dass am Ende *Sie* die Hausaufgaben machen, wenn Ihr Kind überfordert ist! In diesem Fall geben Sie eine Rückmeldung an den Lehrer bzw. die Lehrerin.

Rückmeldung für Lehrer über den Wissensstand und das Problembewusstsein der Schüler:

Hausaufgaben dienen dazu, den Lehrern Rückmeldung über den Leistungsstand des Kindes zu geben. Mit der Bearbeitung der Hausaufgaben soll das Kind in der Schule Erlerntes festigen und auf neue Zusammenhänge anwenden. Erst durch das selbstständige Rekapitulieren der Unterrichtsinhalte wird dem Kind selbst deutlich, an welchen Punkten noch Erklärungsbedarf besteht.

Um sicherzustellen, dass die Rückmeldung den Lehrer auch erreicht, können Sie
- *... gemeinsam mit Ihrem Kind Fragen formulieren, die es in der folgenden Unterrichtsstunde stellen kann. Dann wird dem Lehrer deutlich, wo Ihr Kind Schwierigkeiten hat.*
- *... eine Notiz in das Hausaufgabenheft schreiben mit der Information darüber, wie Ihr Kind seine Hausaufgaben löst und wie viel Hilfe es braucht.*

Der Leistungsstand kann in der Schule natürlich nur dann überprüft werden, wenn das Kind die Hausaufgaben auch allein gelöst hat.

Vertrauensvolle Atmosphäre:

Anders als in der Schule ist beim häuslichen Lernen eine Trennung von Lern- und Leistungssituation gegeben, da Eltern keine Noten geben.

Sie haben daher die Chance, eine vertrauensvolle Atmosphäre herzustellen, in der offen und konstruktiv mit eigenen Schwächen und Fehlern umgegangen werden kann. Ihr Kind erfährt, dass es aus seinen Fehlern lernen kann.

Übung III:

Vergleichen Sie die vorangegangenen Punkte mit den von Ihnen gesammelten Argumenten *für* Hausaufgaben und ergänzen Sie ggf. Ihre Liste.

Nachdem wir nun gemeinsam Gründe gesammelt haben, die *für* das häusliche Lernen sprechen, versuchen Sie in einem Gespräch mit Ihrem Kind *seine* Meinung zu diesem Thema herauszufinden. Versuchen Sie dabei, Ihr Kind wirklich zu verstehen und bringen Sie dies auch zum Ausdruck. Haben Sie keine Angst vor kontroversen Diskussionen. Bemühen Sie sich, mit Argumenten zu überzeugen und Ihr Kind durch Fragen dazu anzuregen, seine Meinung zu überdenken.

Daten und Fakten:
In unseren Befragungen von ca. 300 Eltern konnten wir eine große Bereitschaft erkennen, die Kinder in ihrer schulischen Entwicklung zu unterstützen. Nur ca. 3 Prozent der Eltern helfen ihren Kindern *nicht* beim Lernen (ohne Angabe von Gründen). Uns interessierte allerdings vor allem die Art und Weise der elterlichen Unterstützung und wir konnten beobachten, dass in der Mehrzahl der von uns befragten Familien ein Nebeneinander von lernförderlichen und lernbeeinträchtigenden Verhaltensweisen (z. B. zu viel Hilfe) zu finden ist. Ein geringer Prozentsatz der Eltern neigt dazu, ihren Kindern zu viel abzunehmen und sie so in ihrer Selbstständigkeit einzuschränken. Erfreulicherweise gibt es eine Reihe von Familien, in denen das gemeinsame Lernen nicht oder nur sehr selten Anlass für Konflikte darstellt.

Auch zahlreichen anderen Studien zufolge sind die meisten Eltern überzeugt, ihrem Kind helfen zu müssen. Sie sehen die Begleitung der schulischen Entwicklung ihres Kindes als Teil ihrer Erziehungsverantwortung und sind zu Recht überzeugt, mit ihrer Unterstützung tatsächlich einen Einfluss auf die schulische Leistung zu haben. Dementsprechend halten sie das häusliche Lernen für nützlich und teilen damit die Meinung der meisten Schüler.

Am Rande bemerkt:
Viele Lehrer sind an einer guten Zusammenarbeit mit den Eltern interessiert. Sollte die Zusammenarbeit nicht so gut klappen, lassen Sie sich als Eltern nicht entmutigen. Suchen Sie sich Bündnispartner: Eltern anderer Kinder, Elternvertreter, andere Lehrer. Eine gute Zusammenarbeit zwischen allen Beteiligten bringt auch gute Erfolge für alle!

Kapitel 4

Welche Ziele verfolge ich im Zusammenhang mit dem Lernen – stehen diese im Einklang mit meinen allgemeinen Erziehungszielen?

Wenn persönliche Annahmen und Einstellungen nicht berücksichtigt werden, können Verhaltensänderungen kaum gelingen. Annahmen und Einstellungen spiegeln sich vor allem in den individuellen Zielsetzungen wider. Aus diesem Grund widmen wir uns in diesem Kapitel Ihren Zielen. Wir möchten Sie dazu auffordern, sich Ihre eigenen Ziele bewusst zu machen und in einem weiteren Schritt zu überprüfen und ggf. neu zu formulieren.

Ziele geben dem Handeln die Richtung. Häufig handeln wir allerdings, ohne uns der Ziele, die wir verfolgen, bewusst zu sein.

 Wir möchten Sie nun anregen, Ihre Ziele in Bezug auf die Erziehung Ihres Kindes zu reflektieren.

Nehmen Sie ein A4-Blatt zur Hand, knicken Sie es viermal zur Hälfte, so dass 16 gleich große Teile entstehen und zerschneiden es an den Falzlinien.

Nutzen Sie nun je einen Zettel für ein Erziehungsziel und beachten dabei Folgendes:

Zunächst notieren Sie bitte Ihre *allgemeinen Erziehungsziele* mit einem **blauen** Stift anhand der Frage:

„Was braucht mein Kind, um im Leben zurechtzukommen?“ (Werte, Fähigkeiten, Einstellungen, Stärken - z. B. „Ich möchte, dass mein Kind ein selbstbewusster Mensch wird“.)

Schreiben Sie anschließend Ihre *schul- und ausbildungsbezogenen Ziele* mit einem **grünen** Stift auf, und zwar anhand der Frage:

„Was soll mein Kind erreichen?"
(Schulabschluss, Ausbildung, Beruf, Fähigkeiten – z. B. „Ich möchte, dass mein Kind studiert".)

Sie haben nun einige Zettel mit blau und grün geschriebenen Zielen vor sich liegen (bei Bedarf ergänzen Sie bitte die Anzahl der Zettel).

Nun nehmen Sie bitte drei weitere Blätter (A4) zur Hand und überschreiben diese mit

1. **Funktionale Ziele** (womit gemeint ist):

- schulischer Abschluss und beruflicher Erfolg (Gesellenbrief, Meistertitel, Abitur, akademischer Grad …)
- Anpassung und Unterordnung (gute Noten, Anerkennung, Ordnung, Disziplin, Autoritätsgläubigkeit …)
- leistungs- und statusorientiertes Denken (Macht, Geld, Einfluss …)
- Sekundärtugenden (Fleiß, Pünktlichkeit …)

2. **Persönliche Ziele** (womit gemeint ist):

- Selbstverantwortung und Selbstständigkeit
- Spaß, Interesse und Lebensfreude
- Bildung
- Erwerb von Fähigkeiten und Techniken der Problemlösung
- Verwirklichung eigener Ideale
- eigene Urteils- und Meinungsbildung

3. Soziale Ziele (womit gemeint ist):

- kommunikative Fähigkeiten (zuhören, argumentieren, auf andere eingehen ...)
- soziale Verantwortung (Achtsamkeit, Gerechtigkeitsempfinden ...)
- zwischenmenschliche Werte (Offenheit, Toleranz, Hilfsbereitschaft ...)

Ordnen Sie die Zettel mit Ihren Zielen den drei Blättern zu und kleben Sie sie auf. Legen Sie die drei Blätter nebeneinander und betrachten sie. Notieren Sie Ihre Beobachtungen hinsichtlich folgender Fragen:

Können Sie einen Schwerpunkt Ihrer Ziele erkennen? Welchem Zettel haben Sie die meisten Ziele zugeordnet? Verteilen sich Ihre allgemeinen und die schul- und ausbildungsbezogenen Ziele gleichmäßig auf die Zielfelder?

Man kann davon ausgehen, dass unterschiedliche Schwerpunkte bei der Zielsetzung in schulischen und außerschulischen Bereichen Konflikte auslösen. Denkbar ist z. B., dass Sie Ihr Kind zu einem Menschen erziehen möchten, der genau weiß, was er will und was er nicht will, und sich dafür einsetzt. Andererseits erwarten Sie, dass er Verpflichtungen in einer Gemeinschaft (z. B. Familie) übernimmt. Diese beiden Ziele enthalten ein relativ hohes Konfliktpotenzial, denn wahrscheinlich gehört es nicht zu den Lieblingstätigkeiten Ihres Kindes, die Spülmaschine auszuräumen oder den Müll rauszutragen.

 Entdecken Sie nun in Ihren Zielen die Konfliktpotenziale. Nehmen Sie einen **roten** Stift und markieren Sie die-

jenigen Ziele mit einem Blitz, von denen Sie denken, dass sie zu anderen Zielen im Widerspruch stehen.

Schauen Sie sich Ihre brisanten Ziele genau an und nehmen Sie sich die Zeit, diese Ziele zu überdenken. Greifen Sie mindestens ein Ziel heraus, das nach Ihrem Empfinden besonders viel Zündstoff enthält, und versuchen Sie, es neu zu formulieren. Schreiben Sie Ihr neues Ziel auf.

Bitte denken Sie nun an die letzte Gelegenheit, bei der Sie gemeinsam mit Ihrem Kind geübt haben.

- Welche Ziele haben Sie in der Situation verfolgt?

Wir möchten an dieser Stelle beispielhaft ein Erziehungsziel herausgreifen, von dem wir denken, dass es ein erhebliches Maß an Konfliktpotenzial beinhaltet: Die *Selbstständigkeit* des Kindes.

Wir gehen davon aus, dass die meisten Eltern den Wunsch haben, ihr Kind zu einem selbstständigen, selbstverantwortlichen Menschen zu erziehen. Das Kind wird gelobt, wenn es ihm gelingt, seine Schuhe selbst anzuziehen, es erlebt Stolz auf Seiten der Eltern, wenn es sein Brot selbst belegen kann und wenn es zum ersten Mal bei den Großeltern oder bei Freunden übernachtet.

Mit dem Schuleintritt erleben Kinder dann nicht selten, dass sie ganz entgegen ihrer bisherigen Erfahrungen sehr engen Regeln unterworfen sind, die andere für sie aufgestellt haben und auf die sie keinen Einfluss haben. Plötzlich können sie nicht mehr selbst bestimmen, wann sie mit ihrem Lieblingsspielzeug spielen, sondern *vor* dem Spielen müssen die Hausaufgaben erledigt werden.

Es ist leicht vorstellbar, dass daraus Unmut und Unverständnis erwachsen.

Wir sind der Auffassung, dass Eltern durch die Anpassung der auf die schulischen Leistungen bezogenen Ziele und der allgemeinen Erziehungsziele das Konfliktpotenzial um einen erheblichen Teil verringern können.

Beispiel für eine mögliche Ziel(neu)formulierung:

Altes Ziel: Es ist mir wichtig, dass mein Kind seine Hausaufgaben erledigt, bevor es sich zum Spielen verabredet.

Neues Ziel: Es ist mir wichtig, dass mein Kind seine Hausaufgaben regelmäßig erledigt und ich möchte, dass es den Zeitpunkt selbst mitbestimmt.

Auf diese Weise wird dem Ziel der Selbstständigkeitserziehung auch im schulischen Bereich Rechnung getragen.

Der Frage, wie sich die Förderung der Selbstbestimmung und Selbstverantwortung in den Bereich des häuslichen Lernens integrieren lässt, widmen wir uns ausführlich im Kapitel: „Das Kind in der Selbstständigkeit unterstützen".

> Die Vereinbarkeit von allgemeinen und schulbezogenen Erziehungszielen ist eine notwendige Voraussetzung für widerspruchsfreies Verhalten!

Meine Hausaufgabe:

Wählen Sie mindestens zwei Tage aus, an denen Sie mit Ihrem Kind gemeinsam lernen.

Bevor Sie beginnen, machen Sie sich Ihre Ziele bewusst:
- Welches Ziel verfolge ich in der Lernsituation?
- Inwieweit steht dieses Ziel im Widerspruch zur Selbstständigkeit?

Verändern Sie Ihr Hausaufgabenziel so, dass es mit dem Ziel der Selbstständigkeit möglichst zu vereinbaren ist.

Ein Beispiel:

Ihr Ziel: Ich möchte, dass mein Kind seine Hausaufgaben so schnell wie möglich fertig hat.

Neu formuliert: Ich werde mit meinem Kind gemeinsam überlegen, wie lange es für seine Hausaufgaben braucht. Mein Kind stellt sich einen Wecker, damit es selbst auf die Einhaltung der Zeit achten kann. Ich bin bereit, die Konsequenz, dass es ohne Hausaufgaben in die Schule geht, wenn es zu sehr trödelt, einzuhalten.

Nach der Hausaufgabensituation beantworten Sie bitte jeweils folgende Fragen so ausführlich und umfassend wie möglich:

> Was war mir beim gemeinsamen Lernen mit meinem Kind wichtig?
> Wie gut ist es mir gelungen, mich meinen Zielen entsprechend zu verhalten?
> Mit welchen Verhaltensweisen bin ich nicht so zufrieden?
> Worauf werde ich in der nächsten Situation besonders achten?

Was ist mir in der Lernsituation wichtig?

In diesem Abschnitt geht es darum herauszufinden, was für Sie in einer konkreten Lernsituation entscheidend ist.

Steht für Sie der Lern-*Prozess* oder das Lern-*Ergebnis* im Vordergrund?

Um sich diesem Thema zu nähern, versetzen Sie sich zunächst in die folgende Situation, in der *Sie* die Rolle des Lernenden einnehmen:

Sie haben keinen Führerschein und Ihr Partner erwartet von Ihnen, dass Sie die Fahrprüfung machen, weil er es leid ist, immer während der Fahrt in den Urlaub am Steuer zu sitzen.

Sie selbst sehen keinen wirklichen Sinn darin, haben gar kein Interesse am Autofahren und denken von sich, dass Sie das sowieso nicht können. Weil Ihr Partner es so sehr von Ihnen erwartet, haben Sie sich dennoch darauf eingelassen.

Heute haben Sie sich vorgenommen, gemeinsam auf einen Verkehrsübungsplatz zu fahren und dort das Rückwärts-Einparken zu üben.

Nachfolgend werden zwei Szenen beschrieben, die sich möglicherweise auf dem Verkehrsübungsplatz abspielen könnten. Bitte lesen Sie sich zunächst beide Szenen durch und beantworten dann die Fragen, die sich an die Situationen anschließen.

1. Situation

Bereits auf dem Weg zum Verkehrsübungsplatz sagt Ihr Partner Ihnen, wie sehr er sich freut, dass Sie sich nun doch entschieden haben, den Führerschein zu machen. Er macht Ihnen nochmals deutlich, welche Möglichkeiten Sie haben, wenn Sie erst Auto fahren können, und wie viel persönliche Freiheit das bedeutet.

Auf dem Verkehrsübungsplatz angekommen, überlässt er Ihnen gleich das Steuer und setzt sich neben Sie. Er fragt Sie, ob Sie direkt eine Parklücke ansteuern oder zunächst etwas anderes üben möchten. Sie entscheiden sich, erst mal eine Runde über den Übungsplatz zu fahren, um etwas Sicherheit im Kuppeln, Schalten und Bremsen zu haben. Zweimal würgen Sie beim Anfahren den Wagen ab. Nach dem zweiten Mal fragt Ihr Partner, ob Sie wissen, woran es liegt, wenn der

Wagen beim Anfahren ausgeht. Als Sie nicht antworten können, gibt Ihr Partner Ihnen den Hinweis, dass das Zusammenspiel von Gas-Geben und Kupplung-kommen-Lassen entscheidend ist und dass Sie versuchen können, etwas mehr Gas zu geben. Als Sie dann in die Parklücke einparken wollen, werden Sie selbst ganz ungeduldig, weil Sie die Räder nicht in die richtige Richtung eingeschlagen haben. Ihr Partner bleibt ganz ruhig dabei und beschreibt Ihnen, welche Methode er anwendet, wenn er einparkt. Er ermuntert Sie, es nochmals zu probieren, und macht Ihnen Mut. Er sagt Ihnen, dass die ersten Versuche gar nicht so schlecht waren, und erklärt, worauf es nun noch ankommt. Am Ende steht der Wagen zwar ein wenig schief in der Parklücke, dafür haben Sie ihn aber selbst mit wenig Hilfe dort geparkt.

2. Situation

Auf dem Weg zum Verkehrsübungsplatz sagt Ihr Partner Ihnen erneut fast vorwurfsvoll, dass es aber wirklich Zeit wird, dass Sie endlich einen Führerschein machen. Er betont nochmals, dass er es wirklich leid ist, immer allein die ganze Strecke in den Urlaub zu fahren. Auf dem Übungsplatz angekommen fährt er direkt bis zur Parklücke vor und erklärt Ihnen, dass es dann schneller gehe, denn er wolle ja rasch wieder nach Hause, da er noch etwas Dringendes zu erledigen habe. An der Parklücke überlässt er Ihnen das Steuer. Sie würgen den Wagen ab und Ihr Partner sagt Ihnen, dass Sie mehr Gas geben müssen. Als deutlich wird, dass Sie das Lenkrad so eingeschlagen haben, dass Sie unmöglich in die Parklücke kommen, sagt Ihnen Ihr Partner, in welche Richtung Sie das Lenkrad weiter einschlagen müssen. Sie folgen seinen Angaben und der Wagen steht nach dem Manöver schief in der Parklücke. Ihr Partner ist damit überhaupt nicht einverstanden. Seiner Meinung nach muss der Wagen parallel zum Bordstein stehen. Er fordert Sie auf, erneut ein-

zuparken. Als Sie auch dieses Mal nicht den richtigen Winkel einschlagen, greift er Ihnen ins Lenkrad. Am Ende steht der Wagen perfekt in der Parklücke und Ihr Partner ist zufrieden mit dem Ergebnis.

 Nehmen Sie bitte ein A4-Blatt zur Hand und zeichnen eine Tabelle mit zwei Spalten:

Situation 1	Situation 2
... ...	... ...

Bearbeiten Sie dann alle folgenden Punkte für beide Situationen.

Beschreiben Sie stichpunktartig das Verhalten des Partners in der jeweiligen Situation.
Welche Ziele verfolgt der Partner in dieser Situation?
Wie würden Sie sich in dieser Situation fühlen?

Vergleichen Sie nun Ihre Interpretation mit den folgenden Beschreibungen, die im Anschluss an ein Rollenspiel mit Müttern zu den oben genannten Situationen gesammelt wurden.

Situation 1

Partner I verfolgt das Ziel, dass Sie möglichst selbstständig Ihre Fahrkompetenzen erweitern. Er lässt Sie zunächst selbst probieren und gibt Ihnen wichtige Hinweise, was Sie besser machen können, ohne konkrete Anweisungen zu geben. Er sagt Ihnen, wie er beim Einparken vorgeht, sodass Sie von ihm lernen können, ohne dass er Ihnen vorschreibt, es genau so zu machen. Für ihn steht der Lernprozess im Vordergrund.

Wir bezeichnen eine solche Haltung als *Prozessorientierung*.

Situation 2

Partner II verfolgt in erster Linie das Ziel, möglichst schnell zu einem korrekten Ergebnis zu kommen. Er reagiert bei auftretenden Problemen ungeduldig und sagt Ihnen genau, was Sie zu tun haben. Er übernimmt am Ende das Einparken fast selbst, indem er Ihnen ins Lenkrad greift. Im Vordergrund steht, dass der Wagen korrekt in der Parklücke steht.

Wir bezeichnen eine solche Haltung als *Produktorientierung*.

> Überlegen Sie nun, wie sich der Lerner in den Situationen fühlt.

Beide Situationen wurden von den teilnehmenden Müttern unseres Elterntrainings in einem Rollenspiel dargestellt. Neben dem Verhalten der Partner interessierte uns vor allem, wie sich die „Lernende" jeweils gefühlt hat.

Situation 1

Das Verhalten des Partners löste das Gefühl von Sicherheit aus. Es herrschte eine angenehme, entspannte Atmosphäre, in der es kein Problem war, einen Fehler zu machen. Im Vordergrund stand das Üben des Einparkens.

Situation 2

In den Rollenspielen zeigten die Mütter zwei Formen der Reaktion:

1. Angst, etwas falsch zu machen und damit den Partner zu verärgern. Dies führte zu Unsicherheit und dem Bestreben, es dem anderen recht zu machen.
2. Auflehnung gegen das kontrollierende Verhalten des Partners. Dies führte zu trotzigen Reaktionen bis dahin, dass Teilnehmerinnen aus der Situation, in diesem Fall aus dem Auto, ausgestiegen sind.

Diese Beispiele sollen dazu beitragen, dass Sie sich häufiger in die Lage Ihres Kindes versetzen und sich selbst oder Ihr Kind fragen, wie es die Lernsituation erlebt hat.

Daten und Fakten:
In zahlreichen Untersuchungen konnte gezeigt werden, mit welchen elterlichen Einstellungen die oben beschriebenen Prozess- und Produktorientierungen einhergehen und welche Verhaltensweisen häufig aus ihnen resultieren. Diese Ergebnisse haben wir für Sie in einer Tabelle gegenübergestellt:

Prozessorientierung	**Produktorientierung**
= die Aufmerksamkeit ist auf den Lernfortschritt gerichtet. → „Der Weg zur Aufgabenlösung ist das Ziel!“	= die Aufmerksamkeit ist auf das Leistungsresultat gerichtet. → „Die Aufgabenlösung ist das Ziel!“
Was denken Eltern über die Bedeutsamkeit der Hausaufgaben für das Lernverhalten?	
Eltern, die prozessorientiert sind, *sehen die Hausaufgaben eher als Möglichkeit der Erweiterung der Fähigkeiten* und greifen weniger in den selbstständigen Lernprozess des Kindes ein.	Eltern, die produktorientiert sind, *bezweifeln eher die lernförderliche Funktion der Hausaufgaben* und zeigen Verhaltensweisen, die auf Effizienz und Schnelligkeit gerichtet sind.

Prozessorientierung	Produktorientierung
Welche Bildungsziele verfolgen Eltern?	
Eltern, die prozessorientiert sind, legen eher Wert darauf, dass ihre Kinder *Schlüsselqualifikationen* erlangen (selbstständiges, problemlösendes Denken und Handeln), und unterstützen das Kind eher im eigenständigen Lernen.	Eltern, die produktorientiert sind, verfolgen eher *traditionelle Bildungsziele* (Anpassung, Leistung, Gehorsam, gute Umgangsformen, Sauberkeit, Ordentlichkeit) und verhalten sich eher kontrollierend.
Wie steht es um die Leistungserwartungen der Eltern?	
Eltern, die prozessorientiert sind, haben eher *hohe, aber realistische Leistungserwartungen* und zeigen eher motivationsförderndes Verhalten in Lernsituationen.	Eltern, die produktorientiert sind, haben eher *zu geringe oder zu hohe Leistungserwartungen und neigen zur Anwendung* bestimmender Instruktionen.
Wie schätzen Eltern die kindlichen Fähigkeiten ein?	
Eltern, die prozessorientiert sind, sind eher in der Lage, die kindlichen Kompetenzen *realistisch* einzuschätzen, und ermutigen ihre Kinder eher zur Bewältigung anspruchsvoller Aufgaben.	Eltern, die produktorientiert sind und ihr Kind *unterschätzen*, tendieren dazu, ihrem Kind mehr als notwendig zu helfen, während *Überschätzung* eher zu Leistungsdruck führt.
Welche Auffassung haben die Eltern vom Lernen?	
Eltern, die prozessorientiert sind, sehen das Kind eher als *aktiven Lerner mit Fähigkeiten zur Selbstregulation* und ermutigen das Kind in höherem Ausmaß zu eigenständiger Entwicklung von Lösungsplänen.	Eltern, die produktorientiert sind, sehen das Kind eher als *passiven Lerner* und reagieren mit kleinschrittigen Anleitungen oder geben dem Kind die richtigen Lösungsschritte vor.

Prozessorientierung	**Produktorientierung**
Welche Ziele verfolgen die Eltern?	
Lernziel: Eltern, die prozessorientiert sind, wünschen sich vor allem, dass sich das Kind intensiv mit den Lerninhalten auseinandersetzt und seine Kompetenzen erweitert.	*Leistungsziel*: Eltern, die produktorientiert sind, wünschen sich vor allem, dass ihr Kind im Vergleich mit anderen gut abschneidet und Anerkennung vom Lehrer erhält.

Eltern, die ihre Aufmerksamkeit vor allem auf den Lern-*Fortschritt* und nicht vorrangig auf das Lern-*Ergebnis* richten, verhalten sich in der Lernsituation eher so, dass Selbstständigkeit und Lernzuwachs gefördert werden.

Bitte denken Sie nun an die letzte Gelegenheit, bei der Sie gemeinsam mit Ihrem Kind geübt haben.

Beschreiben Sie möglichst genau Ihr eigenes Verhalten und unterstreichen anschließend mit einem **grünen** Stift alle Verhaltensweisen, die Sie einer prozessorientierten Lernhaltung zuordnen können und mit einem **roten** Stift alle produktorientierten Verhaltensweisen.

Schildern Sie Ihre Beobachtungen.

Versuchen Sie zu beschreiben, wie prozessorientiertes Verhalten in Ihrer Situation aussehen könnte.

Entscheiden Sie, welche dieser Verhaltensweisen Sie umsetzen werden und markieren diese mit einem **blauen** Stift.

Meine Hausaufgabe:

Wählen Sie mindestens zwei Tage aus, an denen Sie mit Ihrem Kind gemeinsam lernen.

Bevor Sie beginnen, beachten Sie Folgendes:

- Erinnern Sie sich an die Szenen auf dem Verkehrsübungsplatz und denken Sie daran, wie Sie sich in den jeweiligen Situationen fühlen würden.
- Lesen Sie auf Ihrem letzten Arbeitsblatt nach, wie nach Ihren eigenen Überlegungen prozessorientiertes Verhalten in der Lernsituation mit Ihrem Kind aussehen könnte.

Nach der Hausaufgabensituation beantworten Sie bitte jeweils folgende Fragen so ausführlich und umfassend wie möglich:

> Worauf habe ich bei der Bearbeitung der Hausaufgaben besonders viel Wert gelegt?
> Wie gut ist es mir gelungen, mich so zu verhalten, wie ich es mir vorgenommen hatte?
> Was ist mir schwer gefallen?
> Was kann ich beim nächsten Mal besser machen?

Kapitel 5

Wie beeinflussen meine Gefühle die häusliche Lernsituation?

Gefühle entstehen aus einer Art Vergleich: Wir bewerten unbewusst, ob die Situation, in der wir uns gerade befinden, im Einklang mit unseren Wünschen, Motiven, Bedürfnissen und Zielen steht. Gefühle sind somit wertvolle Wegweiser für unser alltägliches Leben. Sie informieren uns darüber, wie es in einer bestimmten Situation um das steht, was uns gerade wichtig ist und inwiefern wir uns der Situation gewachsen fühlen. Gleichzeitig drängen uns unsere Emotionen, auf eine ganz bestimmte Weise zu handeln.

Im Folgenden sind einige Emotionen, ihre Entstehung sowie die sich daraus ergebende Handlungstendenz aufgeführt.

Entstehung	Handlungstendenz
Ärger/Frustration	
„Ein Hindernis für die Erreichung meines Ziels ist aufgetreten."	„Beseitige das Hindernis!"
Trauer/Enttäuschung	
„Meine Erwartungen haben sich nicht erfüllt. Etwas Wichtiges ist unwiederbringlich verloren."	„Gleiche den Verlust aus! Mach etwas anderes! Gib auf!"
Scham	
„Alle sehen, dass ich versagt habe."	„Weg hier! Schütze deinen Selbstwert!"

Angst / Nervosität	
„Etwas Wichtiges wird bedroht / ist in Gefahr."	„Schütze dich! Weg hier!"
Freude / Zufriedenheit	
„Ich mache Fortschritte in Richtung Ziel."	„Mach weiter!"
Stolz	
„Ich habe etwas geschafft / besser als andere gemacht."	„Zeig anderen, was du kannst!"

Emotionen „sprechen" also mit uns, sie informieren uns über unseren aktuellen Zustand und drängen uns zu Lösungsmaßnahmen. Diesen instinktiven Empfehlungen immer und überall zu folgen, ist allerdings heutzutage oft nicht mehr empfehlenswert. Zwischen dem Steinzeitmenschen, der dem „Rat" seiner Angst folgt und vor einem Bären flüchtet, und einem modernen Menschen, der aus Angst vor der Arbeit einfach im Bett bleibt, liegen Welten. Heute sind wir darauf angewiesen, mit unseren Emotionen in einer Art und Weise umzugehen, die auch mit unseren mittel- und langfristigen Zielen im Einklang steht: Wir müssen unsere Emotionen *steuern*, und zwar so, dass sie der Situation angepasst sind, in der wir uns gerade befinden. Diesen Prozess nennt man *Emotionsregulation*.

Wir möchten Sie nun dabei begleiten, Ihren Emotionen auf die Spur zu kommen.

Nehmen Sie zunächst ein A4-Blatt im Querformat, zeichnen Sie eine Tabelle mit drei Spalten und fünf Zeilen und beschriften Sie diese wie folgt:

Auslöser	Emotionen	Handlungsfolgen

Emotionen

Wählen Sie aus den folgenden Emotionen die fünf aus, die Sie am häufigsten oder stärksten in der Hausaufgabensituation erleben.

Angst, Hoffnung, Stress, Ungeduld, Wut, Stolz, Zufriedenheit, Ärger, Erleichterung, Nervosität, Enttäuschung, Freude, Verzweiflung, Traurigkeit, Scham, Frustration … (bei Bedarf ergänzen Sie bitte weitere Emotionen).

Tragen Sie Ihre fünf ausgewählten Emotionen in die mittlere Spalte ein.

Mögliche Auslöser

Im nächsten Schritt gehen wir auf die Auslöser Ihrer Emotionen ein. Erst wenn Sie diese erkennen, können Sie sich überlegen, wie Sie mit ihnen umgehen möchten, oder lernen, negative Gefühle zu regulieren.

Noch einmal zur Erinnerung: Emotionen entstehen durch einen Vergleich des aktuellen Zustands mit unseren Idealvorstellungen. Z. B.: Ziel erreicht = Freude, Ziel nicht erreicht = Enttäuschung, Vermutung, das Ziel nie zu erreichen = Frustration.

Notieren Sie in der linken Spalte zu jeder Emotion einen oder mehrere mögliche Auslöser.

Wählen Sie dabei einen **roten** Stift für alle Auslöser, die *direkt* mit der Hausaufgabensituation zu tun haben, z. B.: Mein Kind ist ständig abgelenkt, die Aufgaben sind auch für mich zu schwierig usw.

Wählen Sie einen **grünen** Stift für alle Auslöser, die *nicht* direkt mit der Hausaufgabensituation zu tun haben, z. B.: Ich hatte Stress bei der Arbeit, Streit mit meinem/er Partner/in oder einem Geschwisterkind, Termindruck usw.

Betrachten Sie die Spalte und stellen Sie fest, wie viel Prozent Ihrer Gefühle tatsächlich mit der Hausaufgabensituation zusammenhängen und wie viel Prozent eher auf situationsfremde Faktoren zurückzuführen sind.

Handlungsfolgen

Nun tragen Sie in die rechte Spalte mit der Überschrift „Handlungsfolgen" ein, wie Sie sich bislang in diesen emotionalen Situationen verhalten haben: Wie gehen Sie mit Ihren „Hausaufgaben-Gefühlen" um (z. B. den Ärger rauslassen, aufgeben, herumschreien, Enttäuschung zeigen, dem Kind vorsagen, die Verantwortung an sich reißen, drohen, die Aufgabe selbst lösen etc.)?

Notieren Sie Ihre Beobachtungen und Gedanken.

Denken Sie nun an eine ganz konkrete Situation, die Sie mit Ihrem Kind erlebt haben, und beantworten die folgenden Fragen.

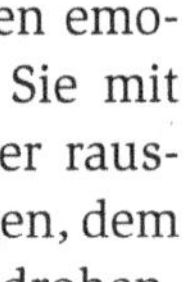

Welches war Ihr vorherrschendes Gefühl in der Situation?
Was war der Auslöser für dieses Gefühl?
Wie haben Sie sich daraufhin verhalten?
Wie ist die Situation ausgegangen?

Wie kann ich mit meinen Gefühlen umgehen?

Vor nicht allzu langer Zeit ist die Firma, in der ich arbeite, umgezogen. Seitdem muss ich jeden Morgen und jeden Mittag 90 Minuten fahren. Ein Umzug kam für mich wegen meiner Familie nicht in Frage und eine neue Stelle zu finden hielt ich für aussichtslos. Die ersten Wochen ärgerte ich mich jeden Tag über die vergeudete Zeit und schimpfte im Auto vor mich hin wie ein Rohrspatz. Jeder LKW vor mir brachte mich zur Weißglut.

Inzwischen sehe ich die Fahrten als meine Zeit. *Die einzige Zeit am Tag, in der niemand etwas von mir will, ich in Ruhe meinen Gedanken nachhängen oder mich in ein Hörbuch vertiefen kann.* (Sabine N., 44)

Dies ist ein Beispiel dafür, wie wir mit negativen Emotionen umgehen können. Sabine hat die Situation für sich *umbewertet*.

Im Folgenden möchten wir Ihnen verschiedene Strategien zur Regulation von Gefühlen vorstellen.

Sehr grob können zwei Typen unterschieden werden:

1. *Problemorientierte Strategien:* Das Problem, durch das die Emotion entstanden ist, wird gelöst.
2. *Emotionsorientierte Strategien:* Etwas an dem aktuellen emotionalen Zustand wird verändert.

Beide Formen kann man weiterhin danach unterscheiden, ob sie gedanklicher Natur sind oder beobachtbares Verhalten auslösen. Ob eine Strategie effektiv ist, kann nicht generell beurteilt werden, sondern hängt wesentlich davon ab, welche Person sie gerade in welcher Situation anwendet. Dennoch kann man ganz allgemein Folgendes sagen:

- Strategien, die auf eine Umbewertung der Situation hinauslaufen, sind allgemein empfehlenswert. So könnten z. B. Eltern, deren Kinder viel Unterstützung beim Lernen brauchen und in der Regel lange an ihren Hausaufgaben sitzen, diese Zeit nicht mehr als Belastung ansehen, sondern als Kontaktmöglichkeit mit ihrem Kind. Denn mit zunehmendem Alter der Kinder wird die gemeinsam verbrachte Zeit immer weniger.
- Gerade in sehr konfliktgeladenen Situationen ist es oft nützlich, sich emotionsorientierter Strategien zu bedienen.
  - Vor allem bei intensiveren Emotionen sind Selbstberuhigungsstrategien wirkungsvoll, z. B. leise bis zehn zählen, sich selbst ermahnen, ruhig zu bleiben, einmal tief durchatmen oder Ähnliches.
  - Bei sehr intensiven Emotionen kann es sogar ratsam sein, erst einmal den Raum zu verlassen und nach einer kurzen „Beruhigungspause“ weiterzumachen.

Die Tabelle zeigt verschiedene Strategien auf, die im Zusammenhang mit der Hausaufgabensituation nützlich sein können.

Vor den Hausaufgaben:

Denken	**Handeln**
Problemorientierte Strategien	
– das Beste hoffen – eigenen Termindruck abschalten (z. B.: es ist kein Weltuntergang, wenn ich es heute nicht mehr schaffe, zur Apotheke zu fahren)	– sich genügend Zeit nehmen – mögliche Störungsquellen ausschalten (z. B. Spielsachen vom Schreibtisch räumen)

Emotionsorientierte Strategien	
– sich selbst vornehmen, heute geduldig zu sein	– vorangegangenen Stress durch „Dampf ablassen" abschalten (z. B. einmal laut vor sich hin schimpfen)

Während der Hausaufgaben:

Denken	Handeln
Problemorientierte Strategien	
– sich die eigene Handlung bewusst machen – sich einen Plan zur Lösung eines Konfliktes überlegen	– kurze Erholungspausen einlegen – vorschnelle Reaktionen hemmen
Emotionsorientierte Strategien	
– die Situation neu bewerten („Ist doch halb so wild!", „Es gibt Schlimmeres!")	– bei sehr intensiven negativen Emotionen: Time out – den Raum für kurze Zeit verlassen, um in Ruhe Luft zu holen

Um mit den eigenen Gefühlen positiv umgehen zu können, ist es wichtig, sich ihrer bewusst zu werden. Das bedeutet:

- Prüfen Sie in der jeweiligen Situation, was Sie gerade empfinden.
- Überlegen Sie, warum die Emotion entstanden ist.
- Wenn möglich, steigen Sie zu einem frühen Zeitpunkt aus der Emotion aus.

Eine solche „innere Abstandnahme“ und Analyse verschafft wertvolle Zeit, sich für eine passende Strategie zu entscheiden. Oft reicht ein Bewusstwerden sogar aus, um negative Gefühle ganz abzustellen.

> Die Wahrnehmung und Regulation der eigenen Emotionen vor und während der Hausaufgabensituation trägt wesentlich zur Verringerung der Konflikte bei.

Nachdem Sie nun verschiedene Möglichkeiten kennen gelernt haben, Ihre Gefühle zu regulieren, nehmen Sie erneut Ihre Emotionstabelle zur Hand und überprüfen Sie die Handlungsfolgen. Beantworten Sie ggf. die Frage:

> Wie könnten Sie sich stattdessen verhalten, wenn dieses Gefühl bei Ihnen auftaucht?

Verfahren Sie ebenso mit der von Ihnen geschilderten Konfliktsituation und notieren Sie:

> Wie hätten Sie sich stattdessen in der Situation verhalten können?

> Formulieren Sie jetzt bitte einen Vorsatz, wie Sie in zukünftigen Situationen mit Ihren Emotionen umgehen möchten!

Meine Hausaufgabe:
Wählen Sie mindestens zwei Tage aus, an denen Sie mit Ihrem Kind gemeinsam lernen.

Bevor Sie beginnen, beachten Sie Folgendes:

- Erinnern Sie sich daran, dass Emotionen durch den Vergleich zwischen dem, *was ist,* und dem, *was sein sollte,* entstehen und den Emotionen häufig eine unbewusste, automatisierte Handlung folgt.
- Versuchen Sie ganz bewusst, Ihre Emotionen wahrzunehmen und zu analysieren, woher sie kommen. Entscheiden Sie sich dann, wie Sie damit umgehen möchten.

Nach der Hausaufgabensituation beantworten Sie bitte jeweils folgende Fragen so ausführlich und umfassend wie möglich:

Wie gut ist es mir gelungen, meine Emotion(en) wahrzunehmen? Welche Emotion(en) habe ich wahrgenommen?

Was war(en) der/die Auslöser für die Emotion(en)? Wie gut ist es mir gelungen, den/die Auslöser der Emotion(en) zu erkennen?

Welche Regulationsstrategie(n) habe ich angewandt? Wie gut ist es mir gelungen, meine Emotion(en) zu regulieren?

Mit welchen Verhaltensweisen bin ich nicht so zufrieden?

Worauf werde ich in der nächsten Situation besonders achten?

Kommuniziere ich offen und fair?

Nachdem wir uns im vorangegangenen Abschnitt damit beschäftigt haben, wie Ihre Gefühle Ihr Verhalten in Alltagssituationen mitbestimmen, betrachten wir nun, wie Emotionen mitgeteilt werden. Grundsätzlich können Gefühle sprachlich oder nonverbal, durch Gestik und Mimik, vermittelt werden.

Für die Entwicklung und das Selbstwertgefühl Ihres Kindes ist vor allem ein fairer Umgang miteinander, d. h. eine eindeutige Kommunikation, eine wichtige Voraussetzung. Wir haben für Sie einige Punkte zusammengestellt, auf die Sie achten sollten:

Vermeiden Sie widersprüchliche Botschaften.

- Zu vermeiden ist jegliche Form von Ironie oder Sarkasmus, denn Kinder können damit nicht umgehen. Sie verstehen solche Sätze wie „Na, das hast du ja toll hinbekommen" nicht, nachdem sie soeben ihre Milch verschüttet haben.

  → Seien Sie ehrlich und zeigen Sie Ihr Missfallen, wenn es berechtigt ist. Ihr Kind spürt ohnehin, dass etwas nicht in Ordnung ist.

- Achten Sie darauf, dass Ihre Aussagen mit Ihren nonverbalen Signalen übereinstimmen. Wenn Sie mit einem wütenden Gesichtsausdruck zu ihrem Kind sagen: „Du kannst ja selbst überlegen, ob du mit deiner Zensur zufrieden bist", wird das Kind kaum zufrieden sein können.

  → Spielen Sie stattdessen mit offenen Karten und sagen Sie, was Sie wirklich denken, z. B.: „Ich bin enttäuscht von deiner Zensur. Ich denke, das kannst du besser!"

Akzeptieren Sie die Gefühle Ihres Kindes.

Wenn es Angst vor einer Klassenarbeit hat, verschwindet diese nicht, wenn Sie ihm sagen: „Du brauchst doch keine Angst zu haben!" Im Gegenteil: Diese negativen Emotionen verstärken sich möglicherweise, wenn Sie versuchen, dagegen anzusprechen. Außerdem besteht die Gefahr, dass Ihr Kind Ihnen seine Gefühle zukünftig nicht mehr mitteilt oder auf Dauer den Kontakt zu den eigenen Emotionen verliert.

→ Versuchen Sie stattdessen, die Gefühle Ihres Kindes anzuerkennen („Ich kann verstehen, dass du Angst hast.") und zu ergründen, was genau die Angst auslöst („Was genau macht dir solche Sorgen?"). Befürchtet Ihr Kind z. B. negative Konsequenzen bei einer schlechten Note, so können Sie ihm diese Angst nehmen, indem Sie versprechen, dass es keine geben wird (Bedingung: Sie halten sich daran!). Wenn es Angst vor einer Blamage hat, sprechen Sie mit Ihrem Kind darüber, wie unwahrscheinlich es ist, dass seine Freunde es wegen einer schlechten Note weniger mögen.

Bis hierher haben wir uns vor allem mit Fragen beschäftigt, die ausschließlich Sie selbst betreffen – *Ihre* Erziehungsziele, *Ihre* Hausaufgabenziele, *Ihre* Gefühle in Verbindung mit Lernsituationen. Im weiteren Verlauf werden wir Ihnen Anregungen und Tipps zur konkreten Unterstützung Ihres Kindes geben.

Kapitel 6

Wie kann ich das Lernverhalten meines Kindes fördern?

Um Ihr Kind effektiv beim Lernen zu unterstützen, ist es sinnvoll zu wissen, was dabei eigentlich passiert. Daher finden Sie in den nächsten Kapiteln zunächst Informationen zum Aufbau von Gedächtnis und Wissen – also dazu, wie Lernen funktioniert. Im Anschluss daran finden Sie Strategien, mit denen der Lernprozess unterstützt werden kann.

Wie wird Wissen erworben?

Lange Zeit hat man geglaubt, dass Lernen quasi gleichzusetzen ist mit „Eintrichtern". Die Idee war, dass Schüler mit einem leeren Kopf in die Schule kommen und dieser langsam durch das Wissen, das Lehrer ihnen vermitteln, aufgefüllt wird.

Heute weiß man, dass Kinder, wenn sie in die Schule kommen, bereits viel Wissen mitbringen, das sie in ihrem Alltag gesammelt haben. Die Kunst des Lehrens besteht deshalb darin, die Aufmerksamkeit auf das neue Wissen zu lenken. Dieses sollte so vermittelt werden, dass es in das bereits vorhandene Wissen eingeflochten werden kann, sodass es auch nach langer Zeit noch abrufbar ist.

Daten und Fakten:
In unserem Gedächtnis werden mit Hilfe von Lernstrategien neue Informationen in bereits vorhandenes Wissen eingefügt und langfristig gespeichert.

Sicher kennen Sie den Vorgang, dass eine Information für kurze Zeit im Zentrum Ihrer Aufmerksamkeit steht und je nachdem, ob sie als wichtig oder unwichtig eingestuft wird, vergessen oder behalten, d. h. im Langzeitgedächtnis gespeichert wird.

Denken Sie zum Beispiel an eine Telefonnummer, die Sie in der Fernsehwerbung sehen. Sie registrieren diese nur kurz und vergessen sie in dem Moment, in dem Sie Ihre Aufmerksamkeit auf andere, Ihnen wichtiger erscheinende Informationen lenken. Müssen Sie sich aber beispielsweise die Telefonnummer eines Bekannten merken, der umgezogen ist, so brauchen Sie sie in der Regel nur wenige Male zu wiederholen, um sie dann auswendig parat zu haben. Das bedeutet nicht, dass sie – ähnlich einem Kratzer auf einer Schallplatte – zeitlebens erinnerbar ist! Wenn sich die eigene Telefonnummer ändert, vergisst man die frühere Zahlenfolge meist rasch.

Aus Sicht der Gedächtnisforscher hat man diese Informationen allerdings nicht wirklich vergessen – sie liegen vielmehr ähnlich einer Dose Tomatenmark in einem großen Supermarkt, den wir nicht kennen, „verschüttet“ in einem der zahllosen Regale.

Der Zugriff auf gespeicherte Informationen

Was kann man also tun, um in einem Supermarkt eine Dose Tomatenmark zu finden?

Wie würden Sie sich verhalten, wenn Sie in dieser Situation wären? Notieren Sie Ihre Vorschläge, bevor Sie weiterlesen!

Folgende Möglichkeiten sind denkbar:

1. Sie durchsuchen jedes Regal.
2. Sie suchen ganz allgemein nach Konserven.

3. Sie sehen bei Soßen und Ketchup nach.
4. Sie suchen bei den Nudeln.
5. Sie fragen einen Mitarbeiter des Supermarktes.

Vergleichen Sie Ihre Lösungsvorschläge mit dieser und erstellen eine Liste, indem Sie die Möglichkeiten nach ihrer Effektivität bewerten und in eine Rangfolge bringen.

Auswertung:
Lösung 1 ist unsystematisch und führt daher, abgesehen von Zufallstreffern, am unwahrscheinlichsten zum Erfolg.

Lösung 5 ist sicher die schnellste Möglichkeit, an das Tomatenmark zu kommen. Allerdings beinhaltet sie Hilfe von außen, setzt also voraus, dass jemand zur Verfügung steht.

Die Lösungen 2 – 4 sind systematisch. Es werden alle Informationen, die zu „Tomatenmark" zur Verfügung stehen, abgerufen. Diese Lösungswege sind am besten geeignet, selbstständig zu einem Erfolg zu kommen, und erhöhen die Wahrscheinlichkeit, auch im nächsten Supermarkt eine Dose Tomatenmark finden zu können.

> Unser Wissen kann uns in zweierlei Hinsicht helfen, ein Problem zu lösen:
>
> 1. Weil wir wissen, wie wir an Informationen herankommen können (Mitarbeiter fragen) → dies nennt man *prozedurales Wissen*.
>
> 2. Indem wir unser Faktenwissen aktivieren (Informationen über den Gegenstand kombinieren) → man spricht von *deklarativem Wissen*.

Organisation des Faktenwissens

Die folgende kleine Geschichte soll deutlich machen, wie unser Faktenwissen organisiert und strukturiert ist. Lassen Sie sich auf ein kleines Experiment ein und lesen Sie den nachstehenden Text:

Der Vorgang ist eigentlich ganz einfach. Man bildet zunächst aus sämtlichen Stücken mehrere Haufen. Selbstverständlich kann auch schon ein Stapel hinreichen. Das hängt davon ab, wie viel zu tun ist. Wenn man selbst keine geeigneten Geräte im Hause hat, ist der nächste Schritt, dort hinzugehen, wo sich solche finden. Ansonsten kann man sich sofort an die Arbeit machen. Es ist wichtig, dass man einen Gang nicht überfrachtet. Das heißt, es ist besser, eher zu wenig als zu viele Stücke auf einmal zusammenzupacken.

Was kann das sein ???

Um diesen Text, der erst einmal zu Verwirrung führt, verstehen zu können, genügt es, wenn wir Ihnen einen einzigen Begriff nennen: *Wäsche waschen*!

In diesem Moment wird der ganze Text für Sie verständlich, denn Sie haben ein *Schema* dazu im Kopf.

Ein Schema umfasst das allgemeine Wissen über ein Ereignis oder einen Gegenstand, das auf der Grundlage vorausgegangener Erfahrungen entstanden ist. Es ermöglicht nicht nur die Einordnung bestimmter Reize (z. B. vier Beine, Schwanz, bellen = Hund), sondern auch die Darstellung von Zusammenhängen (z. B. Vögel können fliegen). Schemata zeigen sich auch in jedem Haushalt: Schaut man z. B. in Ihre Schränke, so findet man wahrscheinlich nicht Bücher, Geschirr und Kleidungsstücke in einem Schrank, sondern Sie haben die Inhalte nach Ähnlichkeit oder Funktionsgleichheit sortiert. Im Alltag sind wir uns allerdings oft nicht bewusst, wie häufig wir auf die gespeicherten Informationen zurückgreifen.

Nachdem wir deutlich gemacht haben, wie wichtig die Organisation des Wissens für die rasche Einordnung neuer Informationen sowie für automatisiertes Handeln ist, zeigen wir im Folgenden Strategien auf, deren Anwendung die Strukturierung des Wissens ermöglicht.

„Lernen lernen" – Wie kann ich mein Kind dabei unterstützen?

Die Vorstellung des „Nürnberger Lerntrichters" beinhaltet, dass Lernen passiv geschieht. Heute weiß man, dass Lernen ein aktiver Prozess ist, sodass nicht nur Inhalte zu vermitteln sind, sondern auch Methoden, wie diese Inhalte möglichst schnell und nachhaltig erworben werden können. Da die Fähigkeit, effektiv zu lernen, keinesfalls angeboren ist, muss sie genauso erworben und trainiert werden wie andere Fähigkeiten.

Kein Fußballtrainer würde erwarten, dass ein Spieler ohne gezieltes Training einen Ball aus elf Metern Entfernung im oberen linken Eck des Tores platzieren kann. Wie also kann z. B. ein Englischlehrer erwarten, dass ein Schüler erfolgreich Vokabeln lernen kann, ohne dass ihm die Technik dazu vermittelt wurde?

> Die Vermittlung von effektiven Lerntechniken ist Bestandteil des schulischen Unterrichts. Dennoch halten wir es für sinnvoll, Ihnen an dieser Stelle Methoden des Lernens vorzustellen, damit Sie Ihr Kind bei der Anwendung unterstützen können.

Da Lernen meist textbasiert ist, betreffen die Mehrzahl der nachfolgend vorgestellten Lernstrategien den Umgang mit Texten.

Erinnern Sie sich bitte zunächst an eine Situation, in der Sie selbst gelernt, d. h. neue Informationen aufgenommen und verarbeitet haben! Was haben Sie als Lerner getan?

Vielleicht haben Sie zunächst dafür gesorgt, dass Ihr Arbeitsplatz übersichtlich ist und dass Sie in der Zeit, die Sie sich für das Lernen gesetzt haben, nicht gestört werden. Sicher haben Sie sich dann Ihre Unterlagen angeschaut und überlegt, was Sie zu lernen haben und wie Sie am besten vorgehen. Vielleicht haben Sie zunächst den Text gelesen und zum besseren Verständnis die wichtigsten Informationen markiert oder sogar herausgeschrieben. Dann haben Sie möglicherweise versucht, sich Details einzuprägen, indem Sie sich Eselsbrücken gebaut haben oder die Fakten mehrmals laut vor sich hingesagt haben.

All dies weist Sie als kompetenten Lerner aus, vielleicht ohne dass Ihnen bewusst ist, dass Sie dabei *systematisch* vorgegangen sind.

Lernstrategien ermöglichen effektives selbständiges Lernen und beziehen sich

a) auf die Planung des Lernens,
b) auf die konkrete Aufgabenbearbeitung,
c) auf die Kontrolle des Lernfortschrittes,
d) auf die Gestaltung der Lernsituation.

Der Einsatz von Lernstrategien ist abhängig vom Alter und den intellektuellen Fähigkeiten des Lerners.

a) Die Planung des Lernens

Lernen muss geplant werden, um erfolgreich zu sein.

- Ermuntern Sie Ihr Kind zunächst zu überlegen, was es zu tun hat.
- Fordern Sie Ihr Kind auf,
  - einen zeitlichen Rahmen festzulegen,
  - die Reihenfolge der Aufgaben zu planen,
  - ein Lernziel zu formulieren und
  - zu entscheiden, mit welcher Methode es vorgehen möchte.
- Halten Sie Ihr Kind dazu an, Schritt für Schritt vorzugehen.

b) Die konkrete Aufgabenbearbeitung

Dem Vergessen kann nur durch Wiederholung vorgebeugt werden.

- Ermuntern Sie Ihr Kind, Textstellen mehrmals zu lesen oder wichtige Fach- und Schlüsselbegriffe auswendig zu lernen.
- Bauen Sie in den Alltag kleine Kurzübungen ein. Vermeiden Sie lange Wiederholungsphasen.
- Legen Sie gemeinsam mit Ihrem Kind eine Lernkartei an.

Beschreibung einer Lernkartei:

Die Basis bildet ein Karteikasten, der in fünf Fächer eingeteilt ist, die von vorne nach hinten größer werden. Diesen kann man selber basteln, indem man für die Unterteilungen Zettel aus festerem Papier in passender Größe zurechtschneidet. Man kann Lernkarteien aber auch in vielen Buchhandlungen kaufen.

→ Es hat sich psychologisch als günstig erwiesen, mit einem selbst gefertigten Kasten zu arbeiten!

Auf der Vorderseite jeder Karte steht eine Frage und auf der Rückseite die entsprechende Antwort.

Ablauf des Lernens:

- Neue Kärtchen kommen in Fach 1.
- Fach 1 wird jeden Tag bearbeitet.
- War die Antwort richtig, wandert das Kärtchen in Fach 2.
- War die Antwort falsch, bleibt das Kärtchen in Fach 1.
- Die Fächer 2–5 werden bearbeitet, wenn sie fast voll sind.
- Für alle Fächer gilt: Alle **richtig** beantworteten Kärtchen wandern in das nächste Fach, alle **falsch** beantworteten Kärtchen wandern zurück in Fach 1.

Die wichtigsten Vorteile:

- *Sofortiges Feedback*: Es wird für jede einzelne Frage sofort geprüft, ob sie richtig oder falsch beantwortet wurde.
- *Positive Verstärkung*: Der eigene Erfolg wird durch die steigende Anzahl von Kärtchen in den Fächern unmittelbar sichtbar.
- *Hohe Zuverlässigkeit*: Wenn eine Frage alle Fächer durchlaufen hat, dann beherrscht man sie auch. Ehrlichkeit mit sich selbst ist dabei wichtig.

▶ **Tipp:**

Das Prinzip der Lernkartei wurde im Software-Programm „Phase – 6“ umgesetzt. Informationen dazu finden Sie im Internet unter www.Phase-6.de.

Je intensiver Lerninhalte gedanklich verarbeitet werden, desto besser ist der Lernerfolg.

- Fordern Sie Ihr Kind auf, wichtige Textstellen zu unterstreichen und zu markieren, allerdings nicht mehr als einen Satz pro Absatz! Unterstützen Sie Ihr Kind bei der Entscheidung, welche Informationen wichtig sind und welche unwichtig.
- Ermuntern Sie Ihr Kind, Schlüsselwörter herauszuschreiben oder kurze Notizen am Textrand zu machen.
- Lassen Sie sich von Ihrem Kind einen Text, den es gelesen hat, mit eigenen Worten wiedergeben.
- Ermuntern Sie Ihr Kind, Gelesenes mit dem eigenen Vorwissen oder mit Erfahrungen zu verknüpfen. Fragen Sie Ihr Kind, ob es schon einmal etwas Ähnliches gelesen oder vergleichbare Aufgaben gelöst hat.
- Versuchen Sie gemeinsam mit Ihrem Kind, schulische Inhalte mit seinen Interessen zu verknüpfen.
- Suchen Sie mit Ihrem Kind zum Text passende Beispiele, die es aus der eigenen Realität kennt (z.B. Thema „Regierung“: Aufbau und Funktion einer Regierung gleichen einer Familie. Die einzelnen Personen in der Regierung haben verschiedene Verantwortlichkeiten und Rollen zu übernehmen. Wenn alle Beteiligten gut zusammenarbeiten, können sie ihren Aufgaben voll gerecht werden.“).
- Finden Sie gemeinsam mit Ihrem Kind Fragen zum Text und beantworten Sie diese (z.B.: Wie würdest du ___ verwenden, um ___? Erkläre, weshalb ___! Welche Gemeinsamkeiten und Unterschiede bestehen zwischen ___ und ___?).

👍 Regen Sie Ihr Kind dazu an, die neuen Informationen zu hinterfragen oder über Alternativen zu den gegebenen Behauptungen oder Schlussfolgerungen nachzudenken (z. B.: Könntest du dir auch eine andere Erklärung für ____ vorstellen?).

👍 Schlagen Sie Ihrem Kind vor, eine Skizze oder eine Mind-Map („gedankliche Landkarte") zu komplexen Inhalten zu erstellen.

Beschreibung der Mind-Map-Technik:

Denken ist kein linearer Vorgang, sondern ein äußerst komplexer Prozess, bei dem im Gehirn ständig neue Strukturen gebildet werden und Verknüpfungen zu anderen, bereits bekannten Wissensgebieten, erstellt werden. So bildet sich im Gehirn ein Netzwerk von miteinander in Verbindung stehenden Informationen. Durch die Visualisierung in einer Mind-Map prägt sich dieses Netzwerk besonders schnell und gut ein.

Grundregeln für das Mind-Mapping:

- Das Papier wird im Querformat genutzt. In die Mitte der Seite wird ein einprägsames *Bild* oder eine kleine Skizze gezeichnet, die das zu behandelnde Hauptthema darstellt. Falls eine Zeichnung nicht sinnvoll erscheint, sollte das Schlüsselwort zumindest in Großbuchstaben, vielleicht farbig oder mitdreidimensionalem Effekt in die Blattmitte gesetzt werden. Jedoch: Ein Bild sagt mehr als tausend Worte!
- Von dem zentralen Bild ausgehend wird für jeden tiefer gehenden Gedanken bzw. Unterpunkt eine *Linie* gezeichnet.

- Auf diese Linien werden die einzelnen *Schüsselworte* zu den Unterpunkten geschrieben. Dabei wird auf überflüssige Füllworte verzichtet. Stattdessen werden gut gewählte Schlüsselworte benutzt, die zur späteren Erinnerung des Inhaltes ausreichen. Diese Worte sollten in Druckbuchstaben eingetragen werden, um die Lesbarkeit und Einprägsamkeit der Mind-Map zu erhöhen.
- Von den eingezeichneten Linien können wiederum Linien ausgehen, auf denen die einzelnen Hauptgedanken weiter untergliedert werden. Von diesen weiterführenden Linien können wieder andere ausgehen, usw. usw.
- Unterschiedliche *Farben* erhöhen die Übersichtlichkeit. Gleichzeitig können beispielsweise auch zusammengehörende Gedanken und Ideen leicht durch Verwendung der gleichen Farbe verdeutlicht werden.
- *Symbole* wie z. B. Pfeile, geometrische Figuren, kleine Bilder, gemalte Ausruf- oder Fragezeichen und selbstdefinierte Sinnbilder sind so oft wie möglich zu nutzen; sie erleichtern die Erfassung des Inhalts und können helfen, einzelne Bereiche abzugrenzen oder hervorzuheben.

Wiederholen mit der Mind-Map:

Mind-Mapping kann auch eine gute Methode sein, um den Lernstoff systematisch zu wiederholen. Man beginnt mit einem leeren Blatt und zeichnet alles, an was man sich erinnert, in eine Mind-Map. Diese Wiederholungs-Map vergleicht man dann mit der Mind-Map, die man für das zu lernende Thema ursprünglich entwickelt hat. Fehlende Zweige werden anschließend in der Wiederholungs-Map in anderer Farbe eingezeichnet. Nach einigen Übungen kann die Ziel-Map problemlos aus dem Gedächtnis abgerufen werden, was für schriftliche Prüfungen sehr nützlich sein kann.

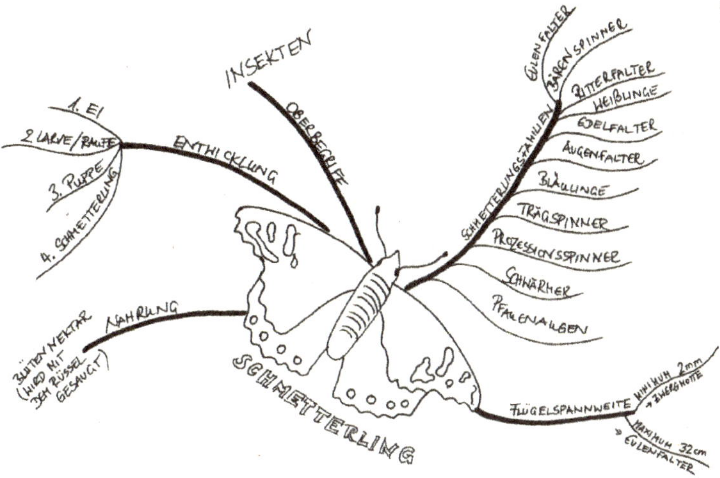

Ein Lernstoff wird im Gehirn umso besser verankert und vernetzt, je mehr Lernkanäle beim Aufnehmen des Stoffs benutzt werden!

- Lassen Sie Ihr Kind Vokabeln nicht nur lesen, sondern auch sprechen, schreiben oder mit einem Symbol verknüpfen.
- Lassen Sie Ihr Kind schwer merkbare Wörter rhythmisch-melodisch sprechen und dann aufschreiben.
- Suchen Sie mit Ihrem Kind gemeinsam Eselsbrücken oder Merkverse für Rechtschreibregeln (z. B.: *Wer nämlich mit „h“ schreibt, ist dämlich).*
- Verwenden Sie mit Ihrem Kind Farbsignale zur Unterscheidung von Schreibweisen.

c) Die Gestaltung der Lernsituation – Kräfte mobilisieren

Eine Reihe von Hilfsstrategien trägt indirekt zum erfolgreichen Lernen bei. Sie umfassen die Gestaltung des Arbeitsplatzes, die Mobilisierung äußerer Unterstützung sowie die Aktivierung der eigenen Stärken.

Gestaltung des Arbeitsplatzes

- Schaffen Sie gemeinsam einen Platz, an dem Ihr Kind nicht von äußeren Reizen (z. B. Spielsachen auf dem Schreibtisch) abgelenkt wird und an dem Arbeitshilfen (z. B. Taschenrechner, Wörterbuch, Lineal) bereitliegen.
- Sorgen Sie für ausreichend Licht und für frische Luft. All dies trägt zur Steigerung der Aufmerksamkeit und Konzentrationsfähigkeit bei.

Hilfe mobilisieren

- Überlegen Sie gemeinsam mit Ihrem Kind, was es tun kann, wenn es nicht weiterkommt. Neben den Eltern gibt es z. B. die Möglichkeit, Klassenkameraden oder ältere Geschwister um Hilfe zu bitten.
- Unterstützen Sie Ihr Kind vor allem darin, sich hilfreiche Informationsquellen zugänglich zu machen und deren Anwendung einzuüben (z. B. Nachschlagen in Lexika, Recherchieren im Internet).

Aktivierung der eigenen Stärken

- Vielleicht erinnern Sie sich an Aussagen wie „Du lernst für dein späteres Leben!“, und vielleicht sind Ihnen derartige Aussagen als Kind zum einen Ohr hinein und zum anderen wieder hinausgegangen und Sie können erst als Erwachsener ermessen, wie viel Wahrheit darin steckt. Ermuntern Sie Ihr Kind, sich seine Zukunft auszumalen und besprechen Sie ganz realistisch, welche Voraussetzungen es braucht (z. B. Bildungsabschluss), um seine Ziele zu erreichen. Halten Sie allerdings keinen Vortrag, führen Sie stattdessen ein Gespräch, in dem das Kind selbst zu Erkenntnissen gelangen kann.

- Machen Sie Ihrem Kind deutlich, dass es für die Bearbeitung von Aufgaben mit zunehmender Schwierigkeit notwendig ist, die eigene Anstrengung zu erhöhen und unterstützen Sie es dabei.
- Regen Sie Ihr Kind an, sich selbst eine Belohnung für das erfolgreich geschaffte Lernpensum zu überlegen. Dies gilt vor allem für ältere Schüler und erhöht die Anstrengungsbereitschaft, was vor allem bei der ausdauernden Beschäftigung mit komplizierten Themen oder schwierigen Inhalten wichtig ist.

d) Die Kontrolle des Lernfortschrittes

Die Erfolgskontrolle wird häufig von Lehrern oder Eltern übernommen. Die *eigene* Kontrolle bietet jedoch eine größere Chance, Fehler in Zukunft nicht zu wiederholen. Selbstkontrolle setzt u. a. das Wissen über die eigenen intellektuellen Fähigkeiten voraus und fördert dieses.

👍 Laut denken
Denken Sie gemeinsam laut. So können Sie den gedanklichen Wegen Ihres Kindes folgen und genauso kann Ihr Kind bei Ihnen sehen, wie Sie sich langsam zur Lösung vortasten.

👍 Lernerfolge selbst überwachen
Ermuntern Sie Ihr Kind, Lerninhalte wiederzugeben oder zu erklären, ohne in seine Unterlagen zu sehen. Dies ermöglicht den Abgleich der bislang erzielten Lernfortschritte (IST) mit den gesteckten Zielen (SOLL).

- Lernschritte selbst regulieren
  Erinnern Sie Ihr Kind auch im Verlauf des Lernens daran zu prüfen, ob seine Strategien angepasst werden müssen. Wenn beim Vergleich IST und SOLL nicht übereinstimmen, wird eine Veränderung des eigenen Lernverhaltens erforderlich. Möglicherweise müssen Lernzeit oder Lerntechnik an die (bislang unterschätzten) Anforderungen angepasst werden (z. B. langsamer lesen, Zwischenrechnungen notieren). Unterstützen Sie Ihr Kind dabei, dies herauszufinden! Zur eigenen Kontrolle und zur Information des Lehrers z. B. vor Klassenarbeiten kann es hilfreich sein, die Bearbeitungszeit unter die Lösung zu schreiben.
- Lernerfolge bewerten
  Auch wenn der Volksmund sagt: „Eigenlob stinkt" – ermuntern Sie Ihr Kind, sich selbst zu loben, wenn es eine Aufgabe erfolgreich gelöst hat (z. B. mit einem selbstgemalten „Smiley" ☺)! Der empfundene Stolz motiviert, ähnliche Lerngelegenheiten aufzusuchen, statt sie zu vermeiden.

> Alle Strategien sind erlernbar! Sie schließen sich nicht gegenseitig aus, vielmehr kann Ihr Kind sie in Abhängigkeit von seinen persönlichen Lernvorlieben, der Altersangemessenheit und den speziellen Anforderungen der aktuellen Aufgabe in unterschiedlicher Weise miteinander kombinieren.

Folgende Punkte sollten Sie bei der Vermittlung von Lernstrategien beachten:

- Konzentrieren Sie sich auf eine kleine Anzahl effektiver Strategien für ausgesuchte Aufgabenstellungen.

- Die Strategien sollen beschrieben, begründet und bei Bedarf „vorgeführt“ werden.
- Vermitteln Sie sowohl Strategien zur konkreten Aufgabenbearbeitung als auch übergeordnete Strategien (Planung und Kontrolle). Dadurch schaffen Sie ein breites Repertoire und erhöhen die Flexibilität Ihres Kindes.
- Geben Sie ausgiebig Gelegenheit zur Einübung der Strategien und um den situationsangemessenen Einsatz zu lernen.
- Regen Sie immer wieder das *eigene* Feedback, also die Bewertung der *eigenen* Leistung an.
- Ihr Kind muss gezielt unterstützt werden, erlernte Strategien auf neue Lerninhalte anzuwenden (Transfer).

Lösen Sie bitte die folgende Mathe-Aufgabe gemeinsam mit Ihrem Kind oder, wenn die Aufgabe für Ihr Kind zu schwierig ist, allein!

> Versuchen Sie gezielt, Strategien, die wir beschrieben haben, anzuwenden.
> Notieren Sie anschließend Ihre Beobachtungen!

Der Hausmeister einer Schule ist 48 Jahre alt. Er hat einen 17-jährigen Sohn und Zwillinge im Alter von 12 Jahren. Er bekommt morgens 20 Becher Joghurt und 12 Becher Milchreis in die Schule geliefert. Für jeden Becher Joghurt zahlt er 30 ct und verkauft ihn für 55 ct. Den Milchreis kauft er für 45 ct und erhält beim Verkauf 70 ct.

Nach der ersten Pause hat er 17 Becher Joghurt und 10 Becher Milchreis verkauft. Unter den Kunden waren doppelt so viele Jungen wie Mädchen.

Frage: Wie viel Geld hat der Hausmeister eingenommen?

Erfolgreiche Strategien zur Lösung dieser Aufgabe waren:

- Relevante Informationen von irrelevanten unterscheiden („Welche Informationen sind wichtig für die Lösung der Aufgabe?“).
- Zwischenrechnungen auf einem „Schmierzettel“ notieren.

Bitte denken Sie nun an die letzte Gelegenheit, bei der Sie gemeinsam mit Ihrem Kind geübt haben.

Welche Lernstrategien nutzt Ihr Kind bereits bzw. zu welchen ermuntern Sie es?

Versetzen Sie sich nun in die Lage Ihres Kindes. Nicht alle Lernstrategien sind für jedes Kind in gleicher Weise gut geeignet. Da niemand Ihr Kind so gut kennt wie Sie, überlegen Sie, welche Lernstrategien für Ihr Kind hilfreich sein könnten.

Welche speziellen Verhaltensweisen möchten Sie üben?

Markieren Sie die Lernstrategien, die Sie in der kommenden Woche mit Ihrem Kind erproben werden, in Ihrem Buch oder schreiben Sie diese auf.

Meine Hausaufgabe:

Wählen Sie mindestens zwei Tage aus, an denen Sie mit Ihrem Kind gemeinsam lernen.

Bevor Sie beginnen, erinnern Sie sich daran, welche Strategien Sie gezielt einsetzen möchten.

Nach der Hausaufgabensituation beantworten Sie bitte jeweils folgende Fragen so ausführlich und umfassend wie möglich:

Welche Lernstrategien hat mein Kind von sich aus angewandt?

Zu welchen Lernstrategien habe ich mein Kind ermuntert?

Wie gut ist es mir gelungen, meinem Kind die Strategien zu vermitteln?

Was ist mir schwer gefallen?

Was kann ich beim nächsten Mal besser machen?

Wie gut ist es meinem Kind gelungen, die Strategien für sich zu nutzen?

War mein Kind meinen Anforderungen gewachsen?

Woran erkenne ich eine Lernstörung?

Manchmal sitze ich da und werde schier verrückt. Dann denke ich: ‚Das kann doch nicht sein! Das habe ich doch nun schon zig-mal erklärt! Es geht einfach nicht in seinen Schädel!' Dann passiert es mir auch schon mal, dass ich die Geduld verliere und mit der Faust auf den Tisch donnere oder mich zu einer unschönen Bemerkung hinreißen lasse, wie: ‚Bist du eigentlich zu blöd?' oder ‚Willst du mich ärgern oder warum stellst du dich so blöd an?'. Hinterher tut es mir immer leid, weil ich ja weiß, dass mein Sohn das nicht mit Absicht macht. (Christine B., 38)

Wer hat nicht schon einmal die schiere Verzweiflung erlebt, weil das Kind trotz wiederholter Erklärungen etwas nicht versteht und man einfach nicht mehr weiß, wie man es begreiflich machen kann? Aber versetzten Sie sich einmal in die Lage Ihres Kindes, indem Sie sich eine Situation vorstellen, in der *Sie* eine kniffelige Aufgabe zu bewältigen haben, die Sie schon im Vorfeld abschreckt, weil sie meinen, hierfür kein Talent mitzubringen. Jemand (Ihr Mann/Ihre Frau, ein/e Kollege/in, ein/e Freund/in ...) kommt hinzu und sagt: „Das ist doch ganz einfach!" „Na toll", denken Sie, „das ist wirklich das Letzte, was ich gebrauchen kann!" und fühlen sich erst recht „zu blöd". Nun versucht der/die andere, Ihnen mit allen erdenklichen Mitteln zu helfen und das Problem zu erklären. Doch Sie sind in Gedanken eigentlich nur noch damit beschäftigt, ihr angekratztes Selbstbewusstsein wiederherzustellen …

Auch Kinder sind enttäuscht, wenn ihnen etwas nicht gelingt, und reagieren mal traurig, mal wütend. Umgekehrt sind Kinder aber in der Regel stolz, wenn sie etwas gut gemacht haben, und registrieren, dass ihre Eltern zufrieden mit ihnen sind. Gehen Sie also erst mal davon aus, dass Ihr Kind, wenn es vor seinen Aufgaben sitzt, bemüht ist, alles so gut zu machen, wie es kann. Das sollte Sie nicht davon abhalten auch zu überlegen, ob es Dinge gibt, die Ihr Kind von seinen Aufgaben abhalten. Vielleicht ist seine Konzentration durch einen vorangegangenen, noch nicht geklärten Streit beeinträchtigt? Vielleicht wird es durch äußere Reize, Termindruck etc. abgelenkt?

Genau wie Sie in der Beispielsituation stößt auch Ihr Kind an Grenzen, hat es besondere Probleme, etwas zu verstehen, zu bewältigen oder zu leisten.

> Versuchen Sie herauszufinden, ob Ihr Kind mit seinen Aufgaben überfordert ist!

Wenn Sie häufiger den Eindruck haben, dass Ihr Kind seine Aufgaben nicht bewältigen *kann*, sollten Sie nicht tatenlos zusehen! Dauerhafte Überforderung bringt Frust und Schulangst mit sich und kann sogar zu ernsthaften psychischen Erkrankungen führen.

In diesem Fall ist es erforderlich, herauszufinden, wie die intellektuellen Fähigkeiten Ihres Kindes entwickelt sind, und wir raten Ihnen dringend, sich an eine Beratungsstelle oder an den schulpsychologischen Dienst zu wenden. Ein Verzeichnis der Erziehungs- und Familienberatungsstellen in ganz Deutschland finden Sie auf der Internetseite der

Bundeskonferenz für Erziehungsberatung (www.bke.de), Informationen zu schulpsychologischen Diensten unter www.schulpsychologie.de. Auch niedergelassene Kinder- und Jugendtherapeuten sind in der Lage, eine Diagnostik in diesem Bereich durchzuführen.

Intelligenz und Lernen

Daten und Fakten:
Dass intelligentere Menschen schneller, leichter und besser lernen als weniger intelligente, ist eine verbreitete Alltagsvorstellung, die durch viele wissenschaftliche Studien gestützt wird. So geht man heute davon aus, dass Lerner mit einem hohen Intelligenzquotienten schneller Informationen aufnehmen und verarbeiten können als andere, ein besser organisiertes Vorwissen haben, so dass sie neues Wissen leichter abspeichern und wieder abrufen können, und im Umgang mit neuen Aufgaben schneller Regelhaftigkeiten erkennen und angemessene Lösungsstrategien finden.

Allerdings hat die wissenspsychologische Forschung auch gezeigt, dass Intelligenzunterschiede immer weniger bedeutsam für die Bearbeitung von Aufgaben sind, je mehr Wissen in einem Bereich erworben wurde, sprich: je mehr ein Lerner bereits zu einem „Experten" in einem Wissensgebiet geworden ist (Gruber & Stamouli, 2009). Schulische Leistungserfolge hängen zudem von zahlreichen Bedingungen ab. Manche liegen in der Person des Lerners begründet, also etwa in seiner Intelligenz, seiner Motivation oder Konzentrationsfähigkeit, andere betreffen den Unterricht oder eben die Art der elterlichen Hilfe (Wild & Lorenz, 2010).

So ist es genau genommen nicht verwunderlich, dass mitunter Schüler, die als sehr begabt gelten, mit mäßigen Noten nach Hause kommen.

Wie es den Eltern damit geht, zeigt die folgende Aussage einer Mutter:

Das, was mich während der gesamten Schullaufbahn meines Sohnes begleitete, waren die Kommentare aller Lehrer auf den Elternsprechtagen, dass sie das Gefühl hätten, Leon bleibe weit unter seinen Möglichkeiten. Seine Klassenlehrerin im 5. Schuljahr schlug schließlich vor, mit ihm einen Intelligenztest zu machen, um herauszufinden, ob mit dem, was er leistet, wirklich sein Limit erreicht ist und wir ihn in Frieden lassen, oder ob wir vielleicht noch etwas mehr aus ihm herauskitzeln könnten. Es zeigte sich, dass er mit seinem IQ im oberen Bereich lag, also durchaus in der Lage wäre, seine Noten zu verbessern. (Alexandra T., 42)

Auch weniger begabte Schüler können gute Schulleistungen erzielen, wenn sie „richtig lernen lernen", d.h. Lernstrategien wie die oben genannten vermittelt bekommen, und in ihren Selbstwirksamkeitsüberzeugungen unterstützt werden! Und natürlich ist die Entwicklung intellektueller Fähigkeiten nicht nur Bedingung *für*, sondern auch Folge, ja sogar Ziel *von* schulischen Lernprozessen.

Was aber ist der Grund, wenn Kinder, die „normal" intelligent sind und in manchen Fächern vielleicht sogar besser abschneiden als ihre Mitschüler, sich das Einmaleins nicht einprägen können oder Schwierigkeiten mit den Buchstaben haben?

In diesem Fall ist zu überprüfen, ob eine sogenannte Teilleistungsschwäche vorliegt. Diese kann sich im mathematischen Bereich zeigen – im Fachjargon spricht man dann von einer *Rechenstörung oder Dyskalkulie* – oder im Bereich des Lesens und/oder Schreibens – hier spricht man dann von einer *Lese-Rechtschreib-Schwäche (LRS).*

Zu beiden Teilleistungsstörungen gibt es Fachbücher, in denen ausführlich Symptomatik sowie Ursachen und Fördermöglichkeiten beschrieben werden. Dennoch möchten wir aus zwei Gründen nicht auf eine Kurzbeschreibung verzichten. Zum einen lässt sich bereits im Vorschulalter feststellen, ob sogenannte Vorläuferfertigkeiten gut ausgeprägt sind oder gezielt trainiert werden sollten. Wenn Eltern oder auch Erzieher beispielsweise feststellen, dass sich ein Kind mit Reimspielen (Haus – Maus) schwer tut oder keine Silben unterscheiden kann (Lo-ko-mo-ti-ve), können dies erste Hinweise auf Beeinträchtigungen im Umgang mit der (Schrift-) Sprache sein, die durch geeignete Tests (zur Erfassung der phonologischen Bewusstheit) abzuklären wären. Im Bereich des Rechnens ist z. B. darauf zu achten, ob das Kind Figuren unterscheiden und zuordnen kann, ob es ihm gelingt, Gegenstände z. B. nach Form und Farbe zu sortieren, ob es in der Lage ist, kleine Mengen zu erfassen und zu entscheiden, welche dargebotene Menge größer ist, ob es im Zahlenraum bis 20 sicher zählt oder ob es sich räumlich orientieren kann („Das Buch liegt *neben* dem Stift. Das Bild hängt *über* dem Lichtschalter.").

Zum anderen können nach Schuleintritt die Beobachtungen von Eltern zu einer möglichst frühen Erkennung und Behandlung einer Teilleistungsschwäche beitragen. Das ist wichtig, da ein Anschluss an das Klassenniveau umso eher erreicht werden kann, je früher eine Förderung einsetzt.

> Bedenken Sie: Im Kindesalter finden sich große natürliche Unterschiede in den Fähigkeiten von Gleichaltrigen, die sich im Verlauf der Grundschulzeit oftmals angleichen. Vermeintliche „Entwicklungsverzögerungen" zu Beginn der ersten Klasse(n) müssen daher nicht automatisch bedenklich sein.

Grundschullehrer sind sich dessen bewusst und reagieren daher vielleicht auf die Frage, ob die Probleme des eigenen Kindes über das „normale“ Maß hinausgehen, mit der beruhigenden Aussage: „Das ist am Anfang ganz normal, das wächst sich schon aus!“

Wenn Sie als Eltern aber Ihre Beobachtungen schildern und begründen, warum Sie „alarmiert“ sind, sollten Lehrkräfte gemeinsam mit Ihnen auf eine professionelle Abklärung hinwirken und Ihnen ggf. bei der Suche nach geeigneten Förder- und Finanzierungsmaßnahmen zur Seite stehen. Dadurch kann verhindert werden, dass wertvolle Zeit verstreicht und Eltern-Kinder-Konflikte, die sich an Lernfragen entzünden, so zunehmen, dass sie das Familienklima und die Beziehungen belasten.

Fortlaufende Misserfolgserlebnisse in der Schule können auch bei Kindern mit Teilleistungsschwächen zu erheblichen Beeinträchtigungen in der psychischen und sozialen Entwicklung führen. Betroffene Familien können sich in diesem Fall auf den im §35a des Kinder- und Jugendhilfegesetzes verankerten Rechtsanspruch auf „Eingliederung für seelisch behinderte Kinder und Jugendliche“ berufen. Grob vereinfacht stehen danach allen Heranwachsenden Fördermaßnahmen zu, deren seelisches Wohl und deren Teilhabechancen am Leben in der Gesellschaft bedroht oder bereits beeinträchtigt sind. Ein Antrag ist an das Jugendamt zu richten, das auf der Grundlage eines Gutachtens (welches im Regelfall von einem psychologischen Psychotherapeuten oder einem Kinder- und Jugendpsychiater erstellt wird) entscheidet, ob die Kosten für eine Förderung übernommen werden.

Im Folgenden werden wir Ihnen nun aufzeigen, worauf Sie bei Ihrem Kind besonders achten sollten!

Lassen Sie sich auf das folgende Experiment ein:

Sie kennen *ausschließlich* die Zahlen a, b, c … bis z. Bitte lösen Sie die folgenden Aufgaben (*ohne* die Buchstaben in Zahlen zu übersetzen!).

e + f =

Haben Sie es herausgefunden?

Richtig, e + f = k!

Wenn Sie tatsächlich auf die Übersetzung in unser Zahlensystem verzichtet haben, war die nahe liegendste Möglichkeit, zu einer Lösung zu kommen vermutlich, Ihre Finger zu Hilfe zu nehmen.

Vielleicht haben Sie zunächst „a, b, c, d, e" gezählt und dabei zu jedem Buchstaben einen Finger gehoben, um zu wissen, dass e „eine Handvoll" ist. Dann haben Sie f Finger gezählt und gesehen, dass f eine Handvoll und a Finger der zweiten Hand ergibt. Nun haben Sie von vorn bei a angefangen zu zählen und wussten, sie brauchen zwei Hände voll und a Finger und Sie zählten bis k. Bei dieser Strategie spricht man vom „Alles Zählen".

Nach einigen Aufgaben dieser Art wissen Sie auswendig, wie e und wie f aussieht und können bei der obigen Aufgabe von e aus weiterzählen, dabei so viele Finger heben, bis sie f Finger (eine Hand voll + a) hochgestreckt haben und landen ebenfalls bei k.

Ganz ähnlich sehen die ersten Rechenschritte Ihres Kindes aus, das ja nichts anderes als die Zahlenreihe kennt. Und zu Beginn ist die Zahlenreihe für Ihr Kind nichts anderes als für Sie das ABC: eine Aneinanderreihung von Symbolen, die man auswendig gelernt hat.

Verfestigtes zählendes Rechnen gilt als Hauptsymptom der Rechenstörung und ist kennzeichnend für beinahe alle Kinder mit einer Rechenstörung. Sie greifen auf diese Strategie zurück, solange sie keine geeignetere zur Verfügung haben, mit der sie ihre Aufgaben erfolgreich lösen können.

Es ist wenig sinnvoll, ja sogar unverantwortlich, den Kindern die Nutzung der Finger zu verbieten, wie dies auch heute noch zahlreiche Lehrer und Eltern tun. Auf diese Weise nimmt man den Kindern die einzige Möglichkeit, überhaupt zu einer Lösung zu kommen, und die Kinder beginnen, ihre Finger heimlich (z. B. unter den Beinen versteckt oder fast unmerklich auf den Tisch tippend) zu nutzen, was die Gefahr von „Zähl-Fehlern" erhöht.

Manchen Kindern ist gar nicht anzumerken, dass sie ihre Aufgaben zählend lösen. In diesem Falle wurde die Technik so stark perfektioniert, dass eine Zählhilfe nicht mehr notwendig ist.

Schwierig wird es für die Kinder, wenn sie zweistellige Zahlen addieren oder subtrahieren sollen, denn da reichen die Finger nicht aus und vielen Kindern gelingt die Lösung solcher Aufgaben nicht. Daher ist leicht nachvollziehbar, dass die schriftliche Addition den Kindern sehr entgegenkommt, da sie hier nur noch mit kleinen Zahlen rechnen müssen, allerdings ohne Verständnis für die Strategie erlangt zu haben.

Ebenfalls symptomatisch für eine Rechenstörung sind Probleme bei der Links-/Rechts-Unterscheidung. Sie führen nicht selten zu großen Schwierigkeiten im Umgang mit Arbeitsmaterialien. Rechenwege werden durch Bewegungen am Material dargestellt. Z. B. bedeutet die Subtraktion (53 – 28 = 25) am Zahlenstrahl eine Bewegung nach links.

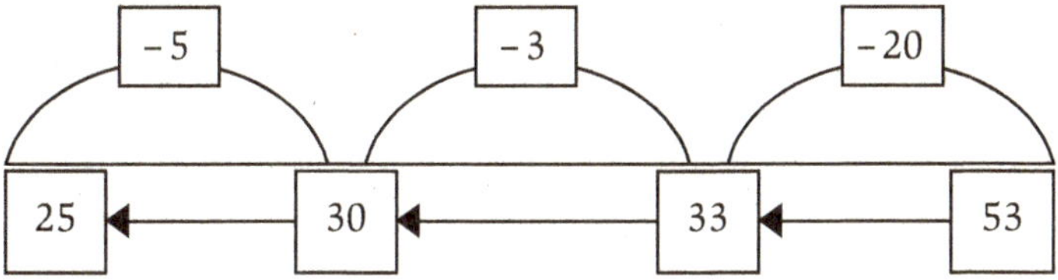

Bestehen Unsicherheiten in dieser Richtungsunterscheidung, so können sich geeignete Vorstellungen der Rechenvorgänge nur schwer entwickeln. Schwierigkeiten bei der Unterscheidung zwischen links und rechts können sich auch darin zeigen, dass Ihr Kind häufig die Ziffern einer Zahl verdreht.

Kinder mit einer Rechenstörung sind häufig zwar in der Lage, Aufgaben fehlerfrei zu lösen, ohne jedoch eine Vorstellung davon zu haben, was dabei eigentlich passiert. Während die Kinder noch ganz gut wissen, dass durch Addition eine Menge größer wird und durch Subtraktion kleiner, wissen sie nicht, dass Multiplikation eine Additionskette gleicher Mengen ist, sondern lernen das Einmaleins einfach gut auswendig. Ebenso können sie den Vorgang der Division nicht erläutern.

Besonders große Schwierigkeiten haben die Kinder mit der Lösung von Text- oder Sachaufgaben. Es ist z.B. denkbar, dass ein Kind Schwierigkeiten hat, Frage, Rechnung und Antwort für die Aufgabe „Peter möchte sich ein Eis mit drei Kugeln kaufen. Eine Kugel kostet 50 Cent" zu bestimmen, und dennoch weiß, wie viel Geld es mitnehmen muss, wenn es sich zwei Kugeln Eis kaufen möchte.

Probleme beim Begreifen der Zeit (Jahre, Monate, Wochen, Tage) inklusive des Uhr-Lesens können weitere Begleiterscheinungen der Rechenstörung sein.

Zur Entstehung einer Rechenstörung gibt es verschiedene Erklärungsansätze, die an dieser Stelle nicht erläutert werden sollen. Es besteht jedoch weitgehend Einigkeit darüber, dass mehrere Ursachen zusammenwirken können. Die genaue Analyse der Problematik sollte zunächst durch die Mathe-Lehrkraft erfolgen. Manchmal ist es hilfreich, fachliche Unterstützung einer schulpsychologischen Beratung in Anspruch zu nehmen, auch um Fördermöglichkeiten gemeinsam mit Eltern und Lehrkraft zu planen oder bei der Suche nach geeigneten außerschulischen Maßnahmen zu unterstützen. Informationen zu schulpsychologischen Diensten finden Sie unter www.schulpsycholgie.de.

> Worauf sollten Sie bei Ihrem Kind verstärkt achten, wenn Sie das Gefühl haben, es hat Schwierigkeiten beim Rechnen, die über ein normales Maß hinausgehen?

- Beobachten Sie, ob Ihr Kind zur Lösung seiner Aufgaben die Finger benutzt, oder fragen Sie es danach.
- Achten Sie darauf, ob Ihr Kind Schwierigkeiten hat, rechts und links zu unterscheiden. (Verdreht Ihr Kind z. B. häufig die Zahlen? Schreibt es zweistellige Zahlen in der richtigen Reihenfolge: erst Zehner, dann Einer?)
- Überprüfen Sie das Verständnis für Rechenvorgänge, indem Sie Ihr Kind in Alltagssituationen in rechnerische Prozesse (z. B. das Abwiegen der Zutaten beim Kuchenbacken) einbeziehen.

Was können Sie tun?

Wenden Sie sich zunächst an den Lehrer bzw. die Lehrerin Ihres Kindes und besprechen mit ihm/ihr die Fördermöglichkeiten innerhalb der Schule. Manchmal ist der angebotene Förderunterricht dort nicht ausreichend, da in der Regel der aktuelle Schulstoff behandelt wird. Es ist jedoch erforderlich, die Fördermaßnahmen an die Fähigkeiten des Kindes anzupassen und darauf aufbauend – im Umgang mit geeigneten Lernmaterialien – Rechenstrategien einzuüben.

Selbstverständlich können auch Sie Ihr Kind unterstützen:

👍 Versuchen Sie zu verstehen, wie Ihr Kind rechnet. Kinder arbeiten regelhaft, nutzen häufig jedoch die falschen Regeln. Daher ist es wichtig, zunächst zu verstehen, welche Strategien das Kind anwendet, um bei ihnen ansetzen zu können.

👍 Vermeiden Sie lange Erklärungen! Versuchen Sie eher, Ihr Kind durch den Einsatz von Material oder durch Fragen und Hinweise dahin zu führen, dass es selbst die Zusammenhänge versteht. Nichts ist schöner, als das „Aha"-Erlebnis beim Kind zu erleben.

👍 Natürlich geht es nicht ganz ohne Erklärung! Wenn Sie etwas erklären, gehen Sie schrittweise vor und versichern Sie sich bei jedem Schritt, ob Ihr Kind Ihnen bis dahin folgen konnte. Suchen Sie, wenn möglich, nach Anschauungsmaterial (Rechenrahmen, Zahlenstrahl, Symbole).

👍 Das sichere Beherrschen der Zahlenreihe ist Voraussetzung für das Rechnen. Suchen Sie im Alltag Möglichkeiten des Trainings (zählen Sie z. B. Schritte beim Spazierengehen oder die Nudeln in der Suppe usw.). Fordern Sie Ihr Kind dabei ruhig auch mal auf, rückwärts oder in Zweierschritten zu zählen.

👍 Fördern Sie das schnelle Erfassen von Zahlen.
- Halten Sie z. B. einfach eine beliebige Anzahl Finger kurz hoch und nehmen sie dann wieder weg. Ihr Kind soll erkennen, wie viele Finger es waren.
- Nehmen Sie zwei Würfel und einen Knobelbecher, würfeln Sie, heben Sie den Becher kurz an und ver-

decken die Würfel dann wieder. Das Kind soll sagen, wie viele Augen es insgesamt waren (Variante: Das Kind nennt die Differenz der beiden Würfel).

Bei der Bearbeitung von Sachaufgaben:
- Markieren Sie gemeinsam die wichtigen Informationen oder schreiben Sie sie heraus.
- Fertigen Sie gemeinsam eine Skizze zu der Aufgabe an.
- Stellen Sie die Aufgabe gemeinsam mit Ihrem Kind als Rollenspiel dar.

Fördern Sie das Verständnis für Sachaufgaben spielerisch:
- Jeder schreibt eine ganz einfache Rechenaufgabe auf (z.B. 3 + 4) und gibt sie dem anderen, dieser denkt sich dazu eine Sachaufgabe aus.
- Zwei denken sich eine Rechengeschichte aus und spielen sie dem Dritten vor. Dieser muss zunächst die Sachaufgabe formulieren und dann Frage, Rechnung und Antwort benennen.

Um Ihrem Kind die Verknüpfung mit seinem Alltag zu erleichtern, fordern Sie es auf, eine Situation, die es erlebt hat, so zu beschreiben, als wäre sie eine Textaufgabe in seinem Mathe-Buch.

Vergleichen Sie aktuelle Aufgaben mit ähnlichen, die das Kind bereits richtig gelöst hat. Achten Sie jedoch darauf, dass es den Lösungsprozess wirklich durchschaut und nicht einfach nur Muster anwendet!

Lassen Sie sich von der Mathe-Lehrkraft Übungen zeigen, die den Fähigkeiten Ihres Kindes entsprechen und ihm helfen, Rechenstrategien zu erlernen. Dabei sollten Materialien zum Einsatz kommen, die geeignet sind, das zehnerüberschreitende Rechnen darzustellen und nicht nur zum Abzählen genutzt werden (z.B. ein zweifarbiger Rechenrahmen – hier können Mengen zunächst abgezählt und dann als ganze Zahl verschoben werden).

Lese-Rechtschreib-Schwäche – Merkmale und Maßnahmen

Auch wen dises füa si komisch ausit könen si doch ferschten was ich inen sagen wil. das was ich mache nent man lautgetroies schraiben, das heist man schraibt ales so wi man es höat ... zum glük sind 65 prozent unserer schprache lautgetroi.

Im Vergleich zur Rechenstörung wird die Lese-Rechtschreib-Schwäche (LRS) schon sehr viel länger untersucht, so dass Ursachenforschung und Förderprogramme weiter fortgeschritten sind. Nach ICD-10, der Internationalen Klassifizierung psychischer Störungen durch die Weltgesundheitsorganisation, liegt eine Rechtschreibstörung dann vor, wenn Lesegenauigkeit oder Leseverständnis sowie die Rechtschreibleistung wesentlich unter dem Niveau liegt, das aufgrund des Alters, der Intelligenz und der altersgemäßen Bildung einer Person zu erwarten wäre. Außerdem muss eine deutliche Beeinträchtigung der schulischen Leistungen oder Aktivitäten des alltäglichen Lebens vorliegen, bei denen Leseleistungen benötigt werden. Auch hier wird als Ursache ein Zusammenspiel verschiedener Faktoren angenommen.

Im schulischen Kontext spricht man von Schülern mit besonderen Schwierigkeiten im Lesen und Rechtschreiben. Der Umgang mit den Betroffenen hinsichtlich Förderung, Benotung und Nachteilsausgleich ist in den jeweiligen Bundesländern sehr unterschiedlich geregelt, daher ist es wichtig, sich vor Ort kundig zu machen und beraten zu lassen (siehe auch www.bildungsserver.de).

Eine nicht erkannte und behandelte LRS kann Probleme verursachen, die sich bis in das Erwachsenenalter fortsetzen und nicht nur Konsequenzen für das berufliche, sondern für das gesamte alltägliche Leben haben. Eine frühzeitige Förderung soll den betroffenen Kindern die Bewältigung ihres schulischen Alltags erleichtern und sie vor Misserfolgserlebnissen und daraus resultierenden Versagensängsten oder Schul-Unlust schützen.

Es existiert eine Reihe von Förderkonzepten, deren Wirksamkeit gut belegt ist und die in zahlreichen Instituten erfolgreich angewandt werden. Auch bei LRS ist es wichtig, an den vorhandenen Fähigkeiten des Kindes anzusetzen und darauf aufbauend die Lese- und Rechtschreibkompetenzen zu fördern.

> Worauf sollten Sie bei Ihrem Kind verstärkt achten, wenn Sie das Gefühl haben, es hat Lese- und Rechtschreib-Schwierigkeiten, die über ein normales Maß hinausgehen?

Merkmale, die auf eine Lesestörung hinweisen:

- Schwierigkeiten, das Alphabet aufzusagen und Buchstaben richtig zu benennen
- Probleme, trotz normaler Hörfähigkeit Laute akustisch zu unterscheiden und den entsprechenden Buchstabenkombinationen zuzuordnen
- Auslassen, Ersetzen, Verdrehen und Hinzufügen von Worten oder Wortteilen
- Niedrige Lesegeschwindigkeit
- Startschwierigkeiten beim Vorlesen
- Verlieren der Textzeile
- Unfähigkeit, Gelesenes wiederzugeben, daraus Schlüsse zu ziehen oder Zusammenhänge zu sehen

Merkmale, die auf eine Rechtschreibstörung hinweisen:

- Verdrehen von Buchstaben im Wort (b-d, p-q, u-n)
- Umstellen der Reihenfolge von Buchstaben (die - dei)
- Auslassen von Buchstaben (auch - ach)
- Einfügen falscher Buchstaben
- Regelfehler (Dehnung: nehmen – nemen, Groß-Kleinschreibung: Haus - haus)
- Wahrnehmungsfehler (Verwechseln von d-t, g-k)

> Es gibt nicht *die* typischen LRS-Fehler, sondern die betroffenen Schüler machen besonders viele und immer wieder andere Fehler!

Was können Sie tun?

Wir empfehlen Ihnen, sich zunächst an den Lehrer bzw. die Lehrerin Ihres Kindes zu wenden, um die „passenden“ schulischen und gegebenenfalls außerschulischen Fördermöglichkeiten zu besprechen. Bei Bedarf wenden Sie sich gemeinsam mit der Lehrkraft an den örtlichen schulpsychologischen Dienst und lassen sich dort fachlich unterstützen (Informationen zu schulpsychologischen Diensten finden Sie unter www.schulpsycholgie.de).

So können Sie Ihr Kind unterstützen:

- Beobachten Sie Ihr Kind genau und versuchen Sie herauszufinden, in welchem Bereich es Schwierigkeiten hat.
- Nutzen Sie sowohl beim Lesen als auch beim Schreiben die Silben als Worteinheit.
  - Spielen Sie in Alltagssituationen das „Roboterspiel“: Beim A-bend-brot o-der beim Spa-zie-ren-ge-hen wird al-les in Sil-ben ge-spro-chen. Das macht Spaß, hilft und erfordert keine zusätzliche Übungszeit.

- Bei sehr großen Problemen im Lesen kann der Einsatz von Silbenteppichen nützlich sein (erkundigen Sie sich dazu bei der Lehrkraft).
- Beim Lesen von Texten werden mit dem Finger oder einem Bleistift im Sprechrhythmus Silbenbögen unter das Gelesene gemalt.
- Fordern Sie Ihr Kind auf, schwierige Wörter vor dem Schreiben zunächst in Silben zu sprechen, dabei mit dem Arm Silbenbögen in die Luft zu malen und sich dazu im Raum seitlich in Schreibrichtung zu bewegen (Silbenschreiten). Anschließend soll es beim Schreiben laut in Silben mitsprechen (synchrones Sprechschreiben).
- Leiten Sie Ihr Kind dazu an, eigene Texte mit Hilfe von Silbenbögen zu kontrollieren.

Lesen Sie gemeinsam mit Ihrem Kind ein Buch, dessen Inhalt für Ihr Kind interessant und spannend ist. Wechseln Sie sich mit dem Vorlesen ab, wobei Ihr Kind immer nur kurze Abschnitte liest und von Ihnen mit dem Vorlesen eines längeren Abschnitts belohnt wird. Diskutieren Sie anschließend über den Inhalt (z. B. „Findest du es gut, wie sich der Junge in der Geschichte verhalten hat?“).

Ermuntern Sie Ihr Kind, einen bekannten Text mehrfach zu lesen. Dies fördert die Leseflüssigkeit. Kleinere Schreibeinheiten (Silben) werden im visuellen Gedächtnis besser verankert und automatisiert, da das Kind nicht in erster Linie mit der Erfassung des Inhaltes beschäftigt ist.

Kinder mit LRS haben häufig Schwierigkeiten, selbst am Ende der Grundschule leserlich zu schreiben.

- Dies kann motorische Ursachen haben. In diesem Fall kann es hilfreich sein, auf Linienblätter der 2. oder 3. Klasse zurückzugreifen.
- Manche Kinder nutzen eine unleserliche Schrift als Taktik, mit der versucht wird, Unsicherheiten zu „vertuschen". Durch das Lesen eigener Texte wird das Kind darauf aufmerksam und sieht möglicherweise die Notwendigkeit, sorgfältiger zu schreiben.

Basteln Sie gemeinsam eine Schablone mit einem Sichtfenster, das immer nur ein Wort oder eine Zeile freigibt. Das erleichtert Ihrem Kind, seine Aufmerksamkeit auf das zu richten, was es gerade lesen oder schreiben will.

Dies sind nur einige Tipps, um Ihnen aufzuzeigen, wie man Übungen spielerisch (!) in den Alltag oder das häusliche Lernen einbauen kann.

> Vor allem aber geht es darum, das Kind genau zu beobachten: erst verstehen, dann verstanden werden!

Achten Sie gut darauf, dass die gemeinsamen Übungen Ihre Eltern-Kind-Beziehung nicht zu sehr belasten. Machen Sie nicht jede Alltags-Situation zur Lernsituation, sondern konzentrieren Sie das Üben auf kurze und vorab klar definierte Zeiträume.

Kapitel 7

Lernlust statt Lernfrust – was kann ich dazu beitragen?

Marie kommt aus der Schule. Sie hat heute im Mathe-Unterricht gelernt, wie man Meter in Zentimeter umwandelt. Ganz aufgeregt kommt sie nach Hause und erzählt ihrer Mutter davon.

Sabine stellt das Nudelwasser auf die kleinste Stufe und hört Marie aufmerksam zu. Sie nickt anerkennend und bittet Marie: „Zeig doch mal, wie du das machst!" Marie sagt: „Dazu brauche ich aber einen Zollstock, damit ich erst etwas messen kann." Gemeinsam messen sie die Wohnungstür aus, messen sich selbst und vergleichen, wie viel Zentimeter Sabine größer ist als Marie und wer die größeren Schritte machen kann. Erstaunt stellen sie fest, dass die Spannweite der Arme fast der eigenen Körpergröße entspricht. Das hatte auch Sabine bisher nicht gewusst. Anschließend sagt Sabine: „Jetzt will ich aber zusehen, dass die Nudeln fertig werden, ich habe nämlich Hunger, und du?"

Auch Rebecca, Maries Schulfreundin, erzählt an diesem Mittag zu Hause von dem neuen Thema im Mathe-Unterricht. Ihre Mutter Dorothea wartet bereits mit dem fertigen Essen auf sie und sagt: „Aha! Deck doch bitte den Tisch und wasch dir die Hände, bevor wir essen."

Welches der Mädchen wird sich mehr auf die nächste Mathe-Stunde freuen?

Im täglichen Umgang mit Ihrem Kind gibt es viele Situationen, in denen Sie sich so oder so verhalten können. Sicher ist es nicht immer möglich, auf das Kind in der Weise zu reagieren, wie die Mutter im ersten Beispiel. Eigene Pläne oder Verpflichtungen, Zeitdruck aufgrund von Fußballtraining, Flötenstunde, Reitunterricht und manchmal einfach die eigene Erschöpfung stehen im Widerspruch zum Bedürfnis des Kindes, sich mitzuteilen und Aufmerksamkeit zu erhalten.

Dennoch wird durch die Beschreibung der beiden unterschiedlichen Reaktionen deutlich, wie stark der Einfluss der elterlichen Reaktion im Hinblick auf den Lernprozess des Kindes sein kann.

Marie wird darin unterstützt, das neue Wissen zu Hause anzuwenden. Dies fördert das tiefere Verständnis des neu Gelernten. Die Teilnahme und das Interesse ihrer Mutter fördern ihr eigenes Interesse im Fach Mathematik und ihre Motivation.

Eltern Anregungen und Tipps zu geben, wie Sie die Lernlust Ihres Kindes fördern können, ist eines der Hauptanliegen, die wir mit diesem Buch verfolgen. Warum dies so bedeutsam ist, lässt sich aus dem folgenden Bericht einer Mutter lesen:

Ich weiß nicht, wie viele Tränen bereits geflossen sind, wie viele graue Haare mir gewachsen sind und wie häufig die Türen knallten. Ich hab immer nur gedacht: „Das darf doch nicht wahr sein!" Kaum hatte Leon endlich begonnen, seinen Aufsatz zu schreiben, musste er nach dem zweiten geschriebenen Wort erstmal etwas trinken, um dann nach dem nächsten Wort auf seinem Stift herumzukauen, mit dem Stuhl zu kippeln und aus dem Fenster zu starren. Er kam und kam einfach nicht voran. Bis zu dem Tag, als wir am frühen Nachmittag einen Termin beim Kinderarzt hatten. Für die Erledigung der Hausaufgaben war vorher keine Zeit und da wir beim Arzt ziemlich lange warten mussten, war es bereits 18 Uhr, als wir wieder zu Hause waren. Als wir aus dem Auto stiegen, hörte ich meinen Sohn sagen: „Mama, ich hab jetzt richtig Lust zum Schularbeitenmachen". Erstaunt, erfreut, aber auch skeptisch antwortete ich: „Das ist schön!“ Wir gingen hinein und ohne großes Tamtam setzte sich Leon an seinen Schreibtisch und erledigte alle seine Aufgaben konzentriert und selbstständig und in einem Rutsch. Seitdem hat er seine Schularbeiten immer abends gemacht. (Ingrid F., 42)

Natürlich gehen jedem die Dinge, die man zu erledigen hat, leichter von der Hand, wenn man Spaß daran hat. Das ist nicht nur bei Kindern so, Sie kennen das sicher auch aus eigener Erfahrung.

Bei Kindern ist der Wunsch, nur das zu tun, was Spaß macht, allerdings noch viel stärker ausgeprägt als bei Erwachsenen. Das Pflichtbewusstsein, das Eltern oft von den Kindern erwarten, wenn es um die Hausaufgaben geht, bildet sich erst im Laufe ihrer Entwicklung heraus.

Ob man allerdings Lust zu etwas hat, ist abhängig von verschiedenen Faktoren. Im obigen Beispiel könnte die *Lust zum Hausaufgabenmachen* z.B. daher kommen, dass bereits Abend ist und eine Verabredung mit Freunden ohnehin nicht mehr stattfinden kann, sodass Leon nichts verpasst. Oder aber er spürt, dass seine Konzentrationsfähigkeit zu dieser Tageszeit gerade besonders hoch ist und fühlt sich somit in der Lage, die Hausaufgaben gut machen zu können.

Bevor wir uns in den folgenden Abschnitten intensiver mit der Lernmotivation beschäftigen, möchten wir Sie bitten zu überlegen, welche Bedingungen für *Sie* erfüllt sein müssen, damit *Sie* zu etwas Lust haben.

Nehmen Sie dazu einen Zettel und fertigen Sie eine dreispaltige Tabelle an:

Tätigkeit	+/-/~	Begründung/Bedingung
... ...		... ...

Notieren Sie in der ersten Spalte Tätigkeiten aus Ihrem Alltag, die Ihnen spontan einfallen.

Beurteilen Sie in der zweiten Spalte, wieviel Spaß Ihnen die Tätigkeit macht (+ = viel Spaß, – = wenig Spaß, ~ = mittelmäßig).

Tragen Sie in die rechte Spalte ein, warum Ihnen die Tätigkeit Spaß macht oder unter welchen Bedingungen sie Ihnen Spaß machen würde.

Dann gehen Sie genauso mit den folgenden Tätigkeiten vor:
- ein Buch lesen
- einen Zeitungsartikel lesen
- eine Gebrauchsanleitung lesen
- einen wissenschaftlichen Text lesen
- kniffelige Rätsel lösen
- Mathematik-Aufgaben bearbeiten
- ein Gedicht oder einen Liedtext auswendig lernen

Heften Sie diese Sammlung in Ihre Mappe, wir werden zu einem späteren Zeitpunkt nochmals darauf zurückkommen.

Wie kann ich die Lernmotivation meines Kindes fördern?

Daten und Fakten:
Motivation liefert die Energie, die für unser Handeln erforderlich ist. Sie ermöglicht uns die ausdauernde und konzentrierte Beschäftigung mit einer Sache und unterstützt uns darin, Ablenkungen zu ignorieren.

Im Bereich des Lernens schafft Lernmotivation die Voraussetzung dafür, bestimmte Inhalte und Fähigkeiten zu erlernen. Sie löst die Lerntätigkeit mit der Absicht aus, sich intensiv und ausdauernd mit dem Lern-Gegenstand zu beschäftigen.

Dabei ist zu betonen, dass Lernmotivation *fachspezifisch* und kein übergreifendes Schülermerkmal ist!

In der Motivationsforschung findet man häufig die Unterscheidung verschiedener *Formen der Lernmotivation.*

Manchmal sind Lerner „von innen" bzw. „aus der Sache heraus" motiviert. Die Anreize können in den Inhalten liegen, weil sie für den Lerner interessant sind. Oder sie liegen in der Lerntätigkeit selbst, weil diese dem Lerner Spaß macht. So ist z. B. denkbar, dass sich ein Schüler für chemische Prozesse interessiert, während ein anderer sehr gerne in einem Labor herumexperimentiert. Beide werden im Chemieunterricht motiviert mitarbeiten. Diese Form der Lernmotivation wird als *intrinsisch* bezeichnet.

Im Gegensatz dazu wird *extrinsisch* motiviertes Lernen „von außen" veranlasst, z. B. durch in Aussicht gestellte Belohnungen sowie die Ankündigung von Bestrafungen. Mitunter reicht schon der Druck der elterlichen Erwartungen, ebenso gut oder sogar besser abzuschneiden als die Klassenkameraden, um die Lerntätigkeit auszulösen.

Zwischen diesen beiden Extremen gibt es „Mischformen". Die amerikanischen Motivationsforscher Edward Deci und Richard Ryan (1993) entwickelten eine Theorie *(die Selbstbestimmungtheorie)*, die zwar ebenfalls zwischen intrinsischer und extrinsischer Motivation unterscheidet, jedoch davon ausgeht, dass es mehrere Abstufungen gibt. Im Zuge zahlreicher wissenschaftlicher Untersuchungen, die zu dieser Theorie gemacht wurden, hat sich immer wieder gezeigt, dass auch solche Formen der Lernmotivation erstrebenswert sind, bei der der Schüler zwar durch *äußere* Anreize motiviert ist, die aber für ihn persönlich von sehr großer Bedeutung sind. Diese Form der Motivation nennt man „identifizierte Lernmotivation“. Das daraus resultierende Handeln ist in seiner Intensität und auch in Bezug auf das Ergebnis mit intrinsisch motiviertem Verhalten durchaus vergleichbar.

Sicher kennen auch Sie diese verschiedenen Formen der Motivation aus dem Berufsalltag. Da gibt es Arbeiten, die einfach erledigt werden müssen, weil man ansonsten den Job verliert (extrinsische Motivation). Dann gibt es Aufgaben, die zwar an sich keinen Spaß machen, wie z. B. das Etikettieren von Kleidungsstücken in einer Modeboutique, die jedoch durch die anschließende Kundenzufriedenheit und dem damit einhergehenden wirtschaftlichen Erfolg an Wert gewinnen und somit freiwillig ausgeführt werden (identifizierte Motivation). Und es gibt Tätigkeiten, wie die Modeberatung im Kundengespräch, die interessant sind und Spaß machen (intrinsische Motivation).

Bezogen auf das Lernen möchten wir den Unterschied zwischen intrinsischer und identifizierter Lernmotivation an folgendem Beispiel verdeutlichen:

Stellen Sie sich einen Schüler vor, der sehr großes Interesse an der englischen Sprache hat und dem alle mit dem Erlernen der Sprache verbundenen Tätigkeiten wie Vokabeln lernen, englische Texte lesen usw. Spaß machen.

Stellen Sie sich einen zweiten Schüler vor, der sich mit lateinischen Vokabeln herumquält, weil es ihm überhaupt keinen Spaß macht, der aber fest entschlossen ist, ein Studium zu absolvieren, das den Abschluss des großen Latinums voraussetzt.

Beide Schüler werden mit vergleichbarer Anstrengung und mit ähnlich guten Ergebnissen ihre Sprache lernen.

Von entscheidender Bedeutung für den Lernerfolg ist der Grad der Selbstbestimmung, der mit der Lernhandlung einhergeht. Beide Schüler im o.g. Beispiel erleben ihre Handlung als selbstgewählt und somit selbstbestimmt, während ein Schüler, der unter dem Druck seiner Eltern Vokabeln lernt, sich als weitgehend fremdbestimmt erleben wird.

In zahlreichen wissenschaftlichen Untersuchungen konnte gezeigt werden, dass selbstbestimmte Formen der Lernmotivation (intrinsisch und identifiziert) zu einer intensiveren Auseinandersetzung mit dem Lerngegenstand führen und mit dem Ziel einhergehen, die Inhalte wirklich zu verstehen. Dagegen ist es dem extrinsisch motivierten Lerner vor allem wichtig, schnell fertig zu werden oder eine Belohnung zu erhalten, was eher eine oberflächliche Auseinandersetzung mit dem Lerninhalt zur Folge hat. Insofern erstaunt es nicht, dass selbstbestimmte Lernmotivation erwiesenermaßen mit besseren Schulleistungen zusammenhängt und eine wichtige Voraussetzung für selbständiges, selbstbestimmtes Lernen ist.

Wir unterscheiden also zwischen selbstbestimmten Formen der Lernmotivation:

- intrinsische Lernmotivation, die sich im Interesse am Lerninhalt und/oder Spaß an der Tätigkeit ausdrückt,
- identifizierte Lernmotivation, bei der der Anreiz von außen kommt und das Verhalten nicht mit Spaß verbunden ist, das Ergebnis aber von großer persönlicher Bedeutung ist,

und fremdbestimmter Lernmotivation:

- extrinsische Lernmotivation, bei der äußere Anreize notwendig sind, um die Lerntätigkeit auszulösen.

Daten und Fakten:

Im Rahmen unserer Studien haben wir ca. 300 Schüler einmal jährlich von der dritten bis zur siebten Klasse zu den verschiedenen Formen der Lernmotivation befragt. Wir haben uns dabei für *ein* Schulfach entschieden, da als erwiesen gilt, dass die Lernmotivation in den verschiedenen Schulfächern variiert, und wir vermeiden wollten, dass die Schüler bei ihren Antworten an unterschiedliche Fächer denken. Die Entscheidung fiel auf das Fach Mathematik.

Die Tabelle zeigt einen Ausschnitt aus dem verwendeten Fragebogen:

Warum strengst du dich im Mathe-Unterricht an?	
Extrinsische Motivation	Weil ich möchte, dass mein Mathe-Lehrer mit mir zufrieden ist. Weil von mir erwartet wird, dass ich mich im Unterricht anstrenge. Weil ich möchte, dass mein Mathe-Lehrer mich für einen guten Schüler/eine gute Schülerin hält.
Identifizierte Motivation	Weil ich den Stoff verstehen möchte. Weil es für mich wichtig ist, gut rechnen zu können. Um zu erfahren, ob meine Antwort stimmt oder nicht. Damit ich mehr verstehe.
Intrinsische Motivation	Weil ich gerne rechne. Weil ich das interessant finde, was wir in Mathe machen. Weil mich Mathe interessiert. Weil mir der Mathe-Unterricht Spaß macht.

Die Aufgabe der Kinder war es, zu bewerten, wie sehr sie den einzelnen Aussagen zustimmen. In Einklang mit zahlreichen anderen Befunden konnte auch bei den von uns befragten Schülern ein deutliches Absinken in allen drei Formen der Lernmotivation beobachtet werden.

Damit die Unterscheidung zwischen selbstbestimmter und extrinsischer Motivation für Sie noch deutlicher wird, nehmen Sie nun die Liste der Tätigkeiten, die Sie am Anfang dieses Kapitels angefertigt haben. Betrachten Sie die rechte Spalte und bewerten Sie Ihre Motive unter der Fragestellung:

> Kommt meine Motivation für diese Tätigkeit von *innen* oder sind es *äußere* Anreize, die mich zu der Handlung veranlassen?
>
> Markieren Sie alle intrinsischen Motive mit einem **roten** Stift, alle extrinsischen **blau** und die Motive **grün**, die zwar einem äußeren Anreiz entspringen, der aber für Sie persönlich so bedeutsam ist, dass Sie die Tätigkeit als freiwillig und selbstbestimmt erleben.
>
> Welche Form der Motivation überwiegt bei Ihren Tätigkeiten?

Meine Hausaufgabe:

Versuchen Sie herauszufinden, welche Form der Motivation Ihr Kind überwiegend zum Lernen veranlasst.

Ziel dieser Übung ist es, Ihr Verständnis für die Motive Ihres Kindes zu erhöhen, denn auch hier gilt: Der erste Schritt auf dem Weg einer Veränderung ist die Erkenntnis. Zunächst sollten Sie verstehen, wie Ihr Kind denkt und fühlt, um dann mit ihm gemeinsam Veränderungen anzustreben.

Wählen Sie eine der folgenden Methoden aus:

- Führen Sie ein offenes Gespräch mit Ihrem Kind, in dem Sie herauszufinden versuchen, wann es bestimmte Dinge für die Schule gern oder auch nicht so gern tut. Fragen Sie z. B. „Welches Fach magst du am liebsten und warum?" oder „Unter welchen Bedingungen würde dir Mathe mehr Spaß machen?" oder „Warum machst du Hausaufgaben?".
- Gehen Sie genauso vor, wie Sie selbst es in Kapitel 7 gemacht haben. Erstellen Sie gemeinsam mit Ihrem Kind eine Liste der Tätigkeiten aus seinem Alltag (sowohl Lerntätigkeiten als auch Freizeitaktivitäten und häusliche Pflichten) und bitten Sie Ihr Kind, den Grad anzugeben, wie sehr ihm diese Tätigkeit Spaß macht, und zu sagen, warum es der jeweiligen Tätigkeit nachgeht. Unterstützen Sie Ihr Kind dabei, Gründe für die Handlungen zu finden, ohne es dabei in eine bestimmte Richtung zu lenken.

Wie entsteht selbstbestimmte Lernmotivation?

An dieser Stelle möchten wir uns auf die Selbstbestimmungstheorie von Deci und Ryan beziehen. Ähnlich wie jeder Mensch physiologische Grundbedürfnisse, z. B. Hunger, Durst und das Bedürfnis nach Schlaf hat, benennen die Autoren drei angeborene *psychologische Grundbedürfnisse*:

1. In dem Bedürfnis nach **Autonomie/Selbstbestimmung** zeigt sich die Tendenz, sich selbst als primäre Ursache des Handelns erleben zu wollen.
2. Das Bedürfnis nach **Kompetenz/Wirksamkeit** beinhaltet das Gefühl, mit eigenen Handlungen auf die Ereignisse der Umwelt kontrollierend einwirken zu können, weil man sich

in der Lage sieht, den vorgegebenen oder selbstgewählten Anforderungen gerecht werden zu können.

3. Das Bedürfnis nach **sozialer Eingebundenheit/sozialer Zugehörigkeit** beschreibt den Wunsch, von wichtigen Personen akzeptiert und anerkannt zu werden.

Deci und Ryan nehmen an, dass eine Umgebung und Atmosphäre, die den Heranwachsenden Gelegenheit bieten, die drei psychologischen Grundbedürfnisse zu befriedigen, das Auftreten intrinsischer Motivation erleichtern und darüber hinaus einen erheblichen Einfluss auf das allgemeine Wohlbefinden haben.

> In der häuslichen Lehr-Lern-Situation können Eltern die psychologischen Grundbedürfnisse ihres Kindes durch ihr konkretes Verhalten unbeabsichtigt unterstützen oder beeinträchtigen.

Unter der Annahme, dass sich Heranwachsende häufig mit Inhalten beschäftigen müssen, die nicht per se als interessant empfunden werden, ist es nach Ansicht von Deci und Ryan eine der Hauptaufgaben der Eltern, die natürliche Neugier ihrer Kinder auf schulische Inhalte zu lenken und die Auseinandersetzung damit so zu gestalten, dass ursprünglich von außen kontrolliertes Verhalten in selbstbestimmtes umgewandelt werden kann. Kinder sollten ihr eigenes Handeln als freiwillig und selbstbestimmt erleben, weil die Bedeutung und Sinnhaftigkeit aller mit dem Lernen verbundenen Regeln und Werte erkannt und akzeptiert wird.

Wie kann ich meinem Kind den Einstieg in motiviertes Lernen ermöglichen?

Ich habe lange gebraucht, um endlich Frieden damit zu schließen, über keine besonders glänzende Allgemeinbildung zu verfügen. Wie oft hat mich das wirklich in peinliche Situationen gebracht, z.B. die folgende: Ich habe einen langjährigen Freund, der mir erzählte, dass er in alter Familientradition zu den Wagner-Festspielen nach Bayreuth fahren werde. Wagner, ja den kannte ich, schließlich habe ich viele Jahre Klavier gespielt. Aber was hatte der mit Beirut zu tun? Eine Stadt, die ich nur aus den Nachrichten im Zusammenhang mit Kriegsmeldungen kannte. Meine Frage also an meinen Freund: „Wie lange fliegt man denn da?“ Leider wusste ich nicht, dass es eine Stadt mit ganz ähnlich klingendem Namen in Bayern gibt. Diese Geschichte wird mir noch heute, nach 20 Jahren, aufs Butterbrot geschmiert.

Um dem Unwissen ein Ende zu setzen, nahm ich mir meinen alten Schulatlas und lernte systematisch die europäischen Länder mit Hauptstädten und Nachbarländern und versuchte, mir zumindest die größeren Länder der restlichen Kontinente einzuprägen. – Keine Chance! Diese Informationen wollten sich mir einfach nicht einprägen. Bis ich endlich erkannte, es lag nicht an meiner mangelnden Intelligenz, sondern es interessierte mich einfach nicht. Verrückterweise weiß ich noch Vor- und Nachnamen meiner Klassenkameradinnen von vor 30 Jahren und erinnere mich daran, wer mit wem befreundet war. Das waren für mich die wahrhaft wichtigen Informationen! (Annette S., 42)

Da Lerner ihre Aufmerksamkeit ganz von allein auf Inhalte richten, die sie interessieren, liegt es nahe, die Herausbildung von Interessen zu unterstützen. – Aber wie?

👍 Machen Sie Ihr Kind neugierig!

- Konfrontieren Sie es mit widersprüchlichen Informationen zu einem Thema. Widersprüche lösen Unsicherheit und damit ein inneres Unbehagen aus. Weil Menschen das nicht mögen, befassen sie sich mit widersprüchlichen Informationen besonders genau, um sie schließlich auflösen zu können.
- Stellen Sie ruhig mal Behauptungen auf, die dem, was Ihr Kind denkt, widersprechen. In diesem Falle wird Ihr Kind Ihnen sehr engagiert Paroli bieten und zum Beweis sein erworbenes Wissen hervorholen.

👍 Auch die unterschiedliche Darbietung von Informationen zu einem Thema kann das Interesse daran fördern.

- Gehen Sie doch gemeinsam in die Stadtbibliothek und schauen Sie, ob es einen Film zum aktuellen Schulstoff gibt, oder erkundigen Sie sich nach einem Computerspiel, in dem die Inhalte aufgegriffen werden.

👍 Ein wichtiger Faktor für die Herausbildung von Interesse ist die persönliche Bedeutung des Lerngegenstandes.

- Versuchen Sie, gemeinsam mit Ihrem Kind einen Bezug zwischen der Lebensumwelt und dem zu lernenden Stoff herzustellen. Z. B. kann das gemeinsame Sammeln und Pressen von Blättern aus dem eigenen Garten oder der näheren Umgebung das Wissen, das Ihr Kind im Sachunterricht erworben hat, nachhaltig vertiefen.

> Eine anregungsvolle Umwelt weckt die kindliche Neugier und bietet Gelegenheit, vielfältige Interessen zu entwickeln!

Dies ist allerdings nur der Einstieg in motiviertes Lenen und betrifft erste Kontakte mit einem Lernstoff, der bisher unbekannt ist, oder fördert die Auseinandersetzung mit Themen, denen ein Kind skeptisch gegenübersteht. Ist die Neugier für bestimmte Inhalte geweckt, sollten Maßnahmen folgen, die eine langfristige Motivation zur Beschäftigung mit den Themen fördert. Ansonsten laufen Eltern (und auch Lehrer) Gefahr, zum reinen „Infotainer" zu werden, zu einem Animateur der Wissensvermittlung.

Anknüpfend an die von Deci und Ryan benannten psychologischen Grundbedürfnisse nach Autonomie- und Kompetenzerleben sowie nach sozialer Eingebundenheit, werden wir Ihnen in den nächsten Abschnitten aufzeigen, wie Sie sich in Ihrem Verhalten an den Bedürfnissen Ihres Kindes orientieren können. Wir zeigen Ihnen, wie Sie durch Ihre Unterstützung beim Lernen die selbstbestimmte Lernmotivation Ihres Kindes langfristig fördern können.

Anschließend beschreiben wir, was Sie tun können, wenn Ihr Kind demotiviert ist oder das Lernen sogar verweigert.

Das Kind in seiner Selbstständigkeit unterstützen

„Wer einem Kind die Lösung eines Problems sagt, betrügt es um seine eigenen Erfahrungen." (Jean Piaget)

Autonomieunterstützung zeigt sich vor allem im elterlichen Hilfeverhalten, durch das der Lernprozess vorangetrieben wird.

Im Folgenden finden Sie Anregungen, wie Sie die Autonomie des Kindes unterstützen und so die Herausbildung einer selbstbestimmten Lernmotivation fördern können.

Als Leitsatz für elterliche Hilfestellung kann gelten:
So viel Hilfe wie nötig, so wenig wie möglich!

Das bedeutet: Das Kind sollte nur dann unterstützt werden, wenn es wirklich Hilfe braucht, und nur soviel Hilfe erhalten, wie notwendig ist, damit es den nächsten Schritt allein machen kann. Dabei sollten sie unbedingt darauf achten, dass sich das Kind nicht allein gelassen fühlt.

Wie können Sie Ihrem Kind helfen?

Geben Sie Ihrem Kind Hinweise, mit denen es selbstständig weiterarbeiten kann:
- Machen Sie Vorschläge zum Lösungsweg.
- Geben Sie Beispiele.
- Geben Sie Hinweise auf Fehler, ohne die Lösung vorzusagen.

Unterstützen Sie Ihr Kind *passiv*, indem
- Sie sich im Hintergrund halten,
- Sie das Kind im Auge behalten, ohne es zu unterbrechen,
- Sie sich mit etwas anderem beschäftigen und vermitteln, dass Sie ansprechbar sind, wenn Ihr Kind Hilfe braucht.

Halten Sie sich an die Lösungswege, die in der Schule gelernt werden.

Sätze wie „Wir haben das damals aber so und so gelernt, das ist doch viel einfacher", führen vor allem bei Kindern mit Lernschwierigkeiten zu Verwirrung.

Sollten Sie erkennen, dass Ihr Kind mit den vorgegebenen Lösungswegen absolut nicht klarkommt, suchen Sie das Gespräch mit dem Lehrer bzw. der Lehrerin.

Manchmal können ältere Geschwister beim Erklären hilfreich sein, weil sie in der Regel mit den aktuellen Lernmethoden und Arbeitsweisen vertraut sind.

Bei massiven Problemen kann es manchmal hilfreich sein, zumindest für einen gewissen Zeitraum die Betreuung der Hausaufgaben an Dritte, z. B. Nachhilfe-Institute, abzugeben. Dies kann eine erhebliche Entlastung für die häusliche Atmosphäre und die Eltern-Kind-Beziehung bedeuten.

Adressen können Sie an der Schule oder beim örtlichen Jugendamt erfahren.

Geben Sie Hilfe zur Selbsthilfe:

- Unterstützen Sie Ihr Kind darin, bei der Bearbeitung seiner Aufgaben von den im Kapitel „Lernen lernen" aufgezeigten Lernstrategien zur Planung des Lernens, zur konkreten Aufgabenbearbeitung, zur Kontrolle des Lernfortschrittes und zur Gestaltung der Lernsituation Gebrauch zu machen.
- Seien Sie Vorbild für Ihr Kind!

  Kinder lernen vor allem auch durch Imitation. Indem Sie Ihrem Kind vormachen, wie bestimmte Lernstrategien eingesetzt werden, kann es von Ihnen lernen. Kommentieren Sie die einzelnen Schritte laut und fordern Sie Ihr Kind auf, ebenfalls laut mitzusprechen, wenn es das Gesehene umsetzt.

  Auf diese Art und Weise lernt Ihr Kind, sich selbst zu instruieren. Dieses „laute Denken" wird nach und nach überflüssig, wenn das Kind die neuen Arbeitsweisen verinnerlicht hat.

Vermeiden Sie Hilfsmaßnahmen, mit denen Sie die Selbstständigkeit des Kindes einschränken:

- Sagen Sie nicht die Lösung vor.
- Verbessern Sie nicht die Fehler Ihres Kindes.

  Warum sollte sich Ihr Kind anstrengen, wenn Sie ihm die Lösungen präsentieren?

Wann sollten bzw. dürfen Sie Ihrem Kind helfen?

Helfen Sie Ihrem Kind dann, wenn Probleme erkennbar sind,
- weil das Kind einen Fehler gemacht hat oder
- sehr lange überlegt.

Helfen Sie Ihrem Kind, wenn es Sie um Hilfe bittet,
- indem es Sie fragend ansieht oder
- indem es sagt: „Ich kapier das nicht!"

Vermeiden Sie, Ihr Kind im Lernprozess zu unterbrechen! Wenn Ihr Kind gerade mit der Bearbeitung einer Aufgabe beschäftigt ist, behalten Sie hilfreiche Tipps so lange für sich, bis Ihr Kind die aktuelle Aufgabe abgeschlossen hat. Zum einen hat es dann die Chance, seinen Denkprozess zu beenden und erfolgreich abzuschließen, zum anderen ist es erst dann in der Lage, Ihre Ideen und Anregungen aufzunehmen und umzusetzen.

Wer hat die Verantwortung für die Lernsituation?

Überlassen Sie Ihrem Kind die Verantwortung,
- indem Sie es fragen, womit es beginnen möchte.
- Betonen Sie die Selbstverantwortung Ihres Kindes durch Fragen wie: „Wann willst du *deine* Hausaufgaben erledigen?"

Kooperieren Sie mit Ihrem Kind,
- indem Sie gemeinsam etwas nachschauen
- oder zusammen den besten Lösungsweg suchen.

Übernehmen Sie nicht die Verantwortung für die Aufgabenlösung. Verantwortung ist ein großes Wort und doch zeigt sie sich in vielen kleinen Dingen:
- im Vorlesen der Aufgaben durch Sie,

- wenn Sie ein Buch zur Hand nehmen, um z. B. etwas nachzuschlagen,
- indem Sie bestimmen, welcher Lösungsweg eingeschlagen wird,
- in der übermäßigen Identifikation mit den Aufgaben durch die Frage „Was haben wir denn auf?"

Selbstständiges Lernen bedeutet:

Vor dem Lernen

- Organisation und Gestaltung des Arbeitsplatzes,
- Formulierung konkreter Lernziele, einschließlich der jeweils angestrebten Leistungsergebnisse (Zielsetzung),
- Erarbeitung eines Zeitplans,
- Auswahl bzw. Erwerb von Strategien sowie zugehöriger Arbeitstechniken, die zur Erledigung der Aufgaben notwendig sind.

Beim Lernen

- Überwachung des Strategieeinsatzes,
- Abschirmung ablenkender Reize,
- Selbstbeobachtung des eigenen Lernverhaltens und ggf. Regulation (z.B. Erhöhung der eigenen Anstrengung oder der Lernzeit).

Nach dem Lernen

- Kontrolle der eigenen Ergebnisse,
- Bewertung der eigenen Ergebnisse im Hinblick auf das gesetzte Lernziel: sich bei Erfolg selbst loben oder belohnen; bei Misserfolg Ursachen und Konsequenzen überlegen.

Das kann Ihr Kind tun: Einführung eines Lerntagebuches.

Es hat sich als ausgesprochen hilfreich erwiesen, wenn Kinder zur Einübung des selbstgesteuerten Lernens für einen überschaubaren Zeitraum ein *Lerntagebuch* führen. Art und Umfang sind abhängig vom Alter und dem Entwicklungsstand Ihres Kindes. Nachfolgend stellen wir Ihnen zwei Möglichkeiten vor, wie ein Lerntagebuch aussehen kann und empfehlen Ihnen, mit Kindern im Grundschulalter die erste Variante zu wählen, die sehr strukturiert ist, während die zweite Form eher für Kinder geeignet ist, die selbst bereits in der Lage sind, strukturiert zu arbeiten.

Besprechen Sie mit Ihrem Kind die Funktion eines Lerntagebuches und wie es geführt wird.

Wozu soll ein Lerntagebuch gut sein?

- Das Lerntagebuch soll kein Hausaufgabenheft sein, sondern es kann Ihr Kind bei seiner selbstständigen Arbeit unterstützen. Dies gilt sowohl für die Erledigung der Hausaufgaben als auch für die Vorbereitung auf Klassenarbeiten.
- Im Lerntagebuch wird notiert, *was* und *wie* etwas Neues gelernt wurde.
- Vor allen Dingen bietet es die Möglichkeit, die eigenen Erfolge festzuhalten und zu beobachten.

Wann wird das Lerntagebuch geschrieben?

Am besten ist es, wenn die Eintragungen direkt nach dem Lernen gemacht werden.

Variante 1:

Erstellen Sie gemeinsam mit Ihrem Kind eine Vorlage, die in etwa so aussieht:

Datum:

Heute habe ich …	Trage ein:		
	☺	😐	☹
… darauf geachtet, dass mein Arbeitsplatz aufgeräumt ist			
… mir einen Plan gemacht, in welcher Reihenfolge ich vorgehe			
… mir einen Zeitplan für das Lernen gemacht			
… mich nicht von anderen Dingen ablenken lassen			
… mich beim Lernen angestrengt			
… eine Pause gemacht, als ich gemerkt habe, dass ich mich nicht mehr konzentrieren kann			

Mathe: Sachaufgaben

Heute habe ich …	Trage ein:		
	☺	😐	☹
… die Aufgabe ganz genau gelesen			
… mir die wichtigen Zahlen herausgeschrieben oder markiert			

Heute habe ich …	Trage ein:		
	☺	😐	☹
… Schritt für Schritt sorgfältig gerechnet			
… mein Ergebnis kontrolliert			
… mich selbst gelobt			

Ebenso können Sie für jedes andere Fach eine Liste der einzelnen Arbeitsschritte erstellen, die Ihr Kind üben möchte, sodass es nach dem Lernen bewerten kann, wie gut es ihm gelungen ist, sie umzusetzen.

Variante 2
(Lassen Sie Ihr Kind den folgenden Text selbst lesen):

Wie du dein Lerntagebuch gestaltest, bleibt ganz dir überlassen. Hier ein paar Vorschläge von uns:

- Du kaufst dir im Schreibwarengeschäft ein Heft oder eine Kladde, die dir gut gefällt.
- Du machst dir eine Vorlage am PC, druckst die Tagesblätter aus und heftest sie in einen Ordner (vergiss das Datum nicht!).
- Es ist hilfreich, wenn du verschiedene Farben benutzt. So kannst du z. B. neue Inhalte in einer bestimmten Farbe notieren, offene Fragen in einer anderen und dein Vorgehen beim Lernen in einer dritten.

Wir haben einige Fragen zusammengestellt, die dich bei deinen Eintragungen unterstützen können.

Zum Inhalt:

- Was war das Thema beim heutigen Lernen?
- Was wusste ich bereits über das Thema?
- In welchem Zusammenhang steht das, was ich heute gelernt habe, mit dem, was ich bereits über das Thema wusste?
- Ich erstelle eine „Mindmap" (siehe S. 63).
- Ist mir etwas nicht klar geworden?
- Wenn ja, dann formuliere ich eine Frage, die ich meinen Mitschülern oder meinem Lehrer bzw. meiner Lehrerin stellen will.
- Gab es verschiedene Lösungswege? Habe ich andere Ideen zur Lösung gehabt?

Zum Arbeitsprozess:

- Habe ich darauf geachtet, dass mein Arbeitsplatz aufgeräumt ist?
- Habe ich mir einen Plan gemacht, in welcher Reihenfolge ich meine Aufgaben erledige?
- Habe ich mir einen Zeitplan für das Lernen gemacht?
- Habe ich mir eine Strategie überlegt, bevor ich mit der Aufgabenbearbeitung begonnen habe?
- Habe ich mir bei den Aufgaben Mühe gegeben?
- Habe ich mich von anderen Dingen ablenken lassen?
- Habe ich bei Bedarf zusätzliche Hilfsmittel (Lexika, Fachbücher, Computer) genutzt?
- Habe ich eine Pause eingelegt, wenn ich mich nicht mehr konzentrieren konnte?
- Habe ich meine Ergebnisse kontrolliert?
- Wie zufrieden bin ich heute mit mir?

☺	😐	☹

Sicher fallen dir noch weitere Fragen ein. Schreib alles in dein Lerntagebuch, was du für wichtig hältst, um dein Lernen zu verbessern!

Der Lernsituation eine Struktur geben

Ein wesentlicher Bestandteil des Förderns von Selbstständigkeit ist das Setzen von Grenzen. Ein klar definierter Rahmen, in dem sich das Kind frei bewegen kann, bietet Halt und Orientierung.

Wann sollte Ihr Kind seine Aufgaben machen?

Bereits die *Planung der Hausaufgabenzeit* schafft gute Voraussetzungen für eine entspannte Atmosphäre.

- Besprechen Sie gemeinsam, wann Ihr Kind seine Aufgaben erledigt. Bedenken Sie dabei, dass ein Schultag für Kinder genauso viel Anstrengung wie ein Arbeitstag für uns Erwachsene bedeutet. Während manche Kinder das Bedürfnis haben, sich erst mal auszuruhen, ist es für andere wichtig, herumzutoben und sich zu bewegen, bevor sie sich wieder an den Schreibtisch setzen. Wieder andere sind vor allem abends besonders gut in der Lage, sich zu konzentrieren.

  – Lassen Sie Ihr Kind entscheiden, was es braucht!

- Erfahrungsgemäß ist es hilfreich, eine generelle Lösung zu finden, bei der die Hausaufgabenzeiten bereits im Vorfeld unter Berücksichtigung langer oder kurzer Schultage sowie der Termine an den Nachmittagen für jeden Tag festgelegt sind. So kann sich Ihr Kind darauf einstellen und Sie müssen nicht täglich neu diskutieren.

- Wenn Sie einen solchen Plan erstellen, ist es wichtig, dass Sie auf die Einhaltung achten. Das bedeutet nicht zuletzt, logische Konsequenzen folgen zu lassen, wenn Ihr Kind sich nicht daran hält (z. B. geht es ohne Hausaufgaben in die Schule). Allerdings ist Lob besser als Tadel und insofern empfehlen wir Ihnen besonders, das Kind anzuerkennen und wertzuschätzen, wenn es ihm gelingt, sich an die Vereinbarungen zu halten.

Als Faustregel gilt: Kurze Lernzeiten sind besser als lange.

Bedenken Sie:
Auch Sie sind verpflichtet, Vereinbarungen einzuhalten! Verständlicherweise empfinden Kinder es als ungerecht, wenn Eltern sich selbst Ausnahmen zugestehen, während das für sie nicht gilt!

Trödelt Ihr Kind bei den Aufgaben?

Wenn sich die Hausaufgaben bei Ihrem Kind immer und immer wieder endlos in die Länge ziehen, so hat dies sicher einen Grund.

Versuchen Sie herauszufinden, was hinter der verzögerten Bearbeitung steckt. Möglicherweise liegt es an der Menge der Aufgaben, die Ihrem Kind unüberschaubar erscheint und es daran hindert, anzufangen. Oder aber Ihr Kind hat Schwierigkeiten, einen roten Faden zu finden, und verzettelt sich bei seinen Aufgaben.

Regen Sie Ihr Kind an, sich selbst zu beobachten. Sagen Sie: „Stopp. Bitte beobachte, was du gerade tust." Wenn das Kind erkennt, dass es z. B. vor sich hin träumt oder sich mit etwas anderem beschäftigt, fragen Sie es: „Was brauchst du, um weiter zu arbeiten?" Auf diese Weise lernt Ihr Kind mehr und mehr, sein Verhalten zu reflektieren und dafür zu sorgen, dass es mit der Arbeit beginnt bzw. fertig wird.

- Unterstützen Sie Ihr Kind, indem Sie sich gemeinsam mit ihm eine Übersicht über die zu erledigenden Aufgaben verschaffen, die Reihenfolge der Aufgaben besprechen und einen Plan erstellen, wie es Schritt für Schritt vorgehen kann.
  - Vergewissern Sie sich, dass Ihr Kind dies als *seinen* Plan erlebt!
- In der Regel ist es hilfreich, einen Zeitpunkt festzulegen, wann das Lernen abgebrochen wird, auch wenn das Kind mit seinen Aufgaben nicht fertig geworden ist. Dies kann bedeuten, dass es eine Verabredung am nächsten Tag absagen muss, um seine Aufgaben zu vervollständigen. Lassen Sie sich nicht von seinem „Gemaule“ verunsichern – denn wenn ihr Kind getrödelt hat, ist es wichtig, dass es die natürlichen Folgen bemerkt und so lernt, Verantwortung für sein Lernen zu übernehmen. Wichtig ist dabei allerdings, dass Ihrem Kind die Konsequenzen im Vorfeld klar sind!
  - Beachten Sie, dass Konsequenzen stets in direktem, sachlichem Bezug zum Verhalten Ihres Kindes stehen. „Liebesentzug“ bei „Fehlverhalten“ beispielsweise ist daher keine gute Konsequenz, sondern belastet nur die Eltern-Kind-Beziehung!
- Ein Wecker oder eine Eieruhr können das Kind darin unterstützen, sich selbst an die Einhaltung der Zeit zu erinnern. Möglicherweise kann der Einsatz dieses Hilfsmittels sogar den Effekt haben, dass das Kind den Ehrgeiz entwickelt, *vor* dem Signal fertig zu werden.
  - Stellen Sie jedoch sicher, dass eine angemessene Zeit für die jeweilige Aufgabe gewählt wird, sodass das Kind eine realistische Chance hat, das Ziel in der vor-

gegebenen Zeit zu erreichen. Andernfalls ist Frust vorprogrammiert.
- Wählen Sie eine Uhr, die nicht durch lautes Ticken Ablenkung verursacht.

Kinder mit Startschwierigkeiten sollten bereits für den Beginn der Aufgaben gelobt werden! Eine in Aussicht gestellte Belohnung am Ende kann unter Umständen zu weit weg sein und wirkt dann nicht ausreichend motivierend.

Weiß Ihr Kind, welche Aufgaben es zu erledigen hat?

Jeden Mittag ist es das Gleiche! Mein Herr Sohn weiß mal wieder nicht, was er für Mathe aufhat! Dabei hab ich ihm schon tausend Mal gesagt, dass er sich die Hausaufgaben aufschreiben soll! Dann bin ich wieder diejenige, die hinter seinen Hausaufgaben her telefonieren muss! (Heike K., 38)

Wenn Kinder nicht wissen, was sie aufhaben, kann das verschiedene Gründe haben, z. B.
- weil sie dem Unterricht nicht folgen und daher nicht mitbekommen, dass der Lehrer Hausaufgaben aufgegeben hat,
- weil sie mit den Gedanken schon in der Pause sind,
- weil sie einfach nicht so schnell schreiben können wie die anderen Kinder.

Sicher sind noch andere Gründe denkbar.

Versuchen Sie, gemeinsam mit Ihrem Kind den Grund herauszufinden, warum es nicht weiß, was es aufhat. Zeigen Sie, dass Sie es ernst nehmen, indem sie gemeinsam nach Lösungen suchen, anstatt „das Zepter in die Hand“ zu nehmen.

- Eine Möglichkeit, die Eigenverantwortung ihres Kindes schrittweise zu erhöhen, ist das Anlegen eines Hausaufgabenhefts. Dies bietet Ihrem Kind die Möglichkeit, sich einen Überblick über noch zu erledigende Aufgaben zu verschaffen, und gibt ihm die Chance durch Abhaken selbst zu sehen, wie viel bereits erledigt ist. Besprechen Sie mit Ihrem Kind, wie das Aufgabenheft genutzt werden soll, und unterstützen Sie es dabei. Bitten Sie ggf. den Lehrer bzw. die Lehrerin um Unterstützung. Viele Lehrkräfte erklären sich zumindest eine Zeit lang bereit, die Eintragungen im Hausaufgabenheft zu kontrollieren und ggf. zu vervollständigen. Wenn Sie vereinbaren, dass auch Sie mit Ihrer Unterschrift die Kontrolle des Aufgabenheftes bestätigen, so besteht die Chance, dass das Kind lernt, das Aufgabenheft regelmäßig zu führen und so Schritt für Schritt die Verantwortung für seine Aufgaben zu übernehmen. Darüber hinaus erkennt es, dass Sie und die Lehrkraft sich austauschen und ein gemeinsames Interesse verfolgen, nämlich Ihr Kind zu unterstützen.

- Die konsequente Einhaltung klarer Regeln und Zeitbegrenzungen für das häusliche Lernen kann bedeuten, dass Ihr Kind ohne (vollständig erledigte) Hausaufgaben zur Schule geht. Als Elternteil möchte man dies gerne vermeiden. Mitunter ist es jedoch notwendig und heilsam, wenn Ihr Kind die Konsequenzen seines Handelns zu spüren bekommt. Und die (Aussicht auf die) kritische Bemerkungen einer Lehrkraft wirkt manchmal mehr, als Ermahnungen durch die Eltern.

Hat Ihr Kind Schwierigkeiten, sich zu konzentrieren?

Konzentration hat viele Facetten und die Ursachen für Störungen in der Konzentration können vielfältig sein.

- Beobachten Sie genau, wann und unter welchen Bedingungen sich Ihr Kind konzentrieren kann und wann nicht!
  - Finden Sie gemeinsam mit Ihrem Kind den besten Zeitpunkt und den passenden Ort zum Lernen. Folgen Sie dabei dem Motto „Probieren geht über Studieren"! Denn was für das eine Kind richtig und in dessen Familie leicht umzusetzen ist, muss nicht auch für andere Kinder oder Familien das Beste sein.
- Erwarten Sie nur so viel konzentriertes Arbeiten von Ihrem Kind, wie es schaffen kann (die durchschnittliche Aufmerksamkeitsspanne von Grundschulkindern umfasst ca. 20 Minuten).
- Vermeiden Sie Aussagen wie „Jetzt konzentrier dich doch mal!". Formulieren Sie stattdessen konkrete Handlungsanweisungen: „Sei leise, schau genau hin und hör gut zu!". Mit dieser Anleitung wird der Prozess der Aufmerksamkeit beschrieben. „Versuche, nur an die Aufgabe zu denken!" oder „Probiere, ruhig zu sitzen, bis du diese Aufgabe fertig hast!" dient der Verhaltenssteuerung.
- Kontrollieren und steuern Sie den Medienkonsum Ihres Kindes.
  - Zu einem gesunden Aufwachsen gehört es, dass sich Kinder bewegen, Freundschaften schließen und sich im kreativen Spiel ausprobieren. Scheuen Sie sich daher nicht, die Zeit zu begrenzen, die Ihr Kind vor dem Fernseher oder mit dem PC, der Spielkonsole und ähnlichen Tätigkeiten verbringt. Tauschen Sie sich mit anderen Eltern aus und lassen Sie sich von Fachleuten beraten, wie viel Medienzeit altersangemessen ist.

– Wenn Sie den Eindruck haben, dass Ihr Kind an nichts anderem mehr Freude hat, als an solchen hochgradig fremdgesteuerten Beschäftigungen, lassen Sie sich fachlich beraten (Verzeichnis der Erziehungs- und Familienberatungsstellen: www.bke.de [Bundeskonferenz für Erziehungsberatung] oder beim örtlichen Jugendamt).

Die Kompetenzen des Kindes erkennen und stärken

Wie steht es um das Selbstvertrauen Ihres Kindes? Vielleicht traut es sich die eigenständige Lösung seiner Aufgabe gar nicht zu und wagt deshalb nicht, sich selbstständig an die Arbeit zu begeben?

Eltern haben die Möglichkeit, durch ihr Verhalten dazu beizutragen, dass ihr Kind sich selbst als kompetent erlebt.

> Gerade jüngere Kinder lieben Anerkennung über alles. Wenn Ihr Kind etwas gut hinbekommen hat, rufen Sie ruhig einmal laut „Bravo!“ oder klatschen in die Hände. Dies gilt auch für das Erreichen eines Teilzieles. Und wenn dann auch noch die älteren Geschwister einstimmen, ist das ein besonders gutes Gefühl!

In der Lernsituation zeigt sich Kompetenzunterstützung vor allem in der Art der elterlichen Rückmeldungen. Es kann zwischen zwei Arten der Rückmeldung unterschieden werden:

1. Ergebnis**ab**hängige Rückmeldungen
   beziehen sich auf das Ergebnis der Lernaufgabe.
   → Ihr Kind war erfolgreich oder ist an einer Aufgabe gescheitert.

2. Ergebnis**unab**hängige Rückmeldungen
   beziehen sich auf die Gestaltung der Lernsituation sowie auf Fähigkeiten und Eigenschaften des Kindes.

Im Folgenden finden Sie Anregungen für kompetenzunterstützende Rückmeldungen, die zur Förderung einer selbstbestimmten Lernmotivation beitragen.

Ergebnisabhängige Rückmeldungen

Belohnungen und Bestrafungen (auch Lob und Tadel) beeinflussen das Handeln unmittelbar und geben zugleich Auskunft darüber, wie die Eltern die Fähigkeiten des Kindes einschätzen, ob Sie zufrieden mit ihm sind, und was sie von ihm erwarten.

Daten und Fakten:
Forschungsergebnisse zeigen, dass hohe, aber realistische Leistungserwartungen die Leistungsentwicklung von Kindern fördern, überhöhte Leistungserwartungen aber zu Konflikten, Selbstwertproblemen und Ängstlichkeit führen.

Ein wesentlicher Aspekt wirksamer Rückmeldungen ist die Passung zwischen den kindlichen Fähigkeiten und der Schwierigkeit der Aufgabe: Wird ein Kind für die erfolgreiche Bearbeitung einer sehr einfachen Aufgabe übermäßig gelobt, so gelangt es unter Umständen zu der Überzeugung, dass die Eltern ihm nicht viel zutrauen. Wird es dagegen getadelt, wenn es hinter seinen Möglichkeiten zurückbleibt, weiß es, dass die Eltern ihm viel zutrauen.

> Wenn Lob deprimierend und Tadel beglückend wirkt, sprechen wir von *paradoxen Effekten*.

Wie können Sie Ihrem Kind Rückmeldungen geben?

- Grundsätzlich sollte eine Rückmeldung informativ sein, d.h. dem Kind vermitteln (a) welche Aufgabe nicht richtig gelöst wurde, (b) welcher „Denkfehler" zu dem falschen Ergebnis geführt haben könnte und (c) mit welchen Strategien eine korrekte Lösung zu erzielen ist.

- Ein ehrlich gemeintes Lob ist mehr wert als jede noch so gut gemeinte materielle oder finanzielle Entlohnung und gerade bei Kindern mit großen Lernproblemen kann es nicht schaden, den Erfolg zum Anlass zu nehmen, um vorhandene Begabungen herauszustellen.

- Achten Sie darauf, dass Ihr Lob zu der Schwierigkeit der Aufgabe passt. Benennen Sie ruhig den von Ihnen eingeschätzten Grad der Schwierigkeit, indem Sie z.B. sagen: „Das war aber eine schwierige Aufgabe. Die hast du super geschafft!" Daran kann Ihr Kind Ihre Erwartungen und Ihre Zufriedenheit ablesen.

- Vermeiden Sie eindeutige negative Rückmeldungen im Sinne von „Nein, das ist falsch!" oder persönliche Kritik wie „Du begreifst das einfach nicht!" Bleiben Sie sachlich und versuchen Sie das herauszustellen, was bereits richtig ist (z.B. „Der Rechenweg ist richtig, aber kontrollier noch einmal das Ergebnis.").

- Nicht jede Lösung braucht ein eindeutig positives Feedback wie „richtig" oder „stimmt". Nehmen Sie richtige Lösungen (z.B. beim Vokabeln lernen) auch mal kommentarlos hin. Das Kind kann seine Aufmerksamkeit weiter auf die Aufgabe richten und es lernt, dass die Anforderungen mit den eigenen Fähigkeiten wachsen.

Was können Sie von Ihrem Kind erwarten?

Das Ausmaß der elterlichen Erwartungen können Kinder der Zufriedenheit bzw. der Unzufriedenheit der Eltern mit den Leistungen entnehmen.

- Überprüfen Sie Ihre (Un-)Zufriedenheit mit den Leistungen Ihres Kindes, indem Sie die Fähigkeit des Kindes und die Anforderung der Aufgabe miteinander vergleichen.
  - Machen Sie bei besonders schwierigen Aufgaben deutlich, dass Sie bereits mit einer Teil-Lösung sehr zufrieden sind.
  - Zeigen Sie Ihrem Kind beim Scheitern an einer sehr leichten Aufgabe, dass Sie ihm die Lösung zugetraut hätten.
- Stellen Sie hohe, aber den Fähigkeiten Ihres Kindes angemessene Anforderungen und vermeiden Sie eine dauerhafte Unter- oder Überforderung. Beides führt zu Mangel an Lernchancen bzw. zu Misserfolgsangst und Selbstwertproblemen.

Worin sehen Sie die Ursache für ein Lernergebnis?

Oft ist es schwer, sich nach einem Misserfolg aufzuraffen und weiter zu lernen, vor allem dann, wenn man glaubt, keinen Einfluss auf das Ergebnis zu haben. Die Ursachen, auf die eine Person ein Erfolgs- bzw. Misserfolgserlebnis zurückführt, haben daher einen großen Einfluss auf die anschließenden Emotionen und die Lernmotivation.

Aha!

Daten und Fakten:

Freude und Stolz und damit auch eine positive Selbstbewertung können nur dann entstehen, wenn man ein Resultat sich selbst, also der eigenen Fähigkeit und/oder dem eigenen Bemühen zuschreiben kann und nicht etwa äußeren Umständen wie Glück, Hilfe von anderen, leichte Aufgaben etc. für ein gutes Gelingen verantwortlich macht. Dies weckt Zuversicht für ähnliche Leistungssituationen und führt somit zur Steigerung der Motivation.

Aber auch wenn man eine Aufgabe nicht schafft, ist es entgegen weit verbreiteter Meinung wichtig, den Grund bei sich selbst zu sehen und nicht den Lehrer oder die Schwierigkeit der Aufgaben verantwortlich zu machen. Allerdings sollte nicht mangelnde Fähigkeit, sondern mangelnde Anstrengung als Erklärung herangezogen werden! Die Ursache außerhalb der eigenen Person zu suchen kann in zukünftigen Situationen dazu führen, dass man sich hilflos fühlt, da man auf die äußeren Umstände selten Einfluss nehmen kann. Den Grad der eigenen Anstrengung hingegen kann man sehr wohl bestimmen.

Selbstverständlich ist dies nicht allgemein gültig, sondern beschreibt den Idealfall, denn natürlich gibt es Aufgaben, die einfach zu schwer sind, und es gibt Lehrer, mit denen Ihr Kind nicht zurechtkommt.

Unterstützen Sie Ihr Kind darin, sowohl Erfolgserlebnisse als auch Misserfolge der eigenen Anstrengung zuzuschreiben.

- Dies ermöglicht bei einem Erfolg im o.g. Sinne eine positive Bilanz und
- führt bei einem Misserfolg nicht zu Hilflosigkeit, sondern zu der Überzeugung, selbst Einfluss auf das Ergebnis zu haben: Bessere Ergebnisse durch größere Anstrengung (z.B.: „Da hast du dir aber auch wirklich Mühe gegeben" oder „Ich denke, wenn du dich besser vorbereitet hättest, wäre das Ergebnis besser ausgefallen").

- Vermeiden Sie, ein Lernergebnis äußeren Bedingungen oder dem Zufall zuzuschreiben (z. B.: „Na, da hast du aber Glück gehabt!" oder „Die Aufgabe war aber auch wirklich leicht").
- Vermeiden Sie, mangelnde Fähigkeiten als Grund für nicht gelöste Aufgaben heranzuziehen (z. B.: „Du kapierst das einfach nicht.").

Ergebnisunabhängige Rückmeldungen

Unabhängig von konkreten Leistungen können Eltern signalisieren, inwiefern sie ihr Kind

a) in Bezug auf seine persönliche Arbeitsweise (z. B. Arbeitstempo, Konzentration, Anstrengung, Arbeitsmoral) wertschätzen
→ persönliche Rückmeldung,

b) seine Kompetenz bzgl. der Strukturierung der Lernsituation und Aufgabenstellung anerkennen (z. B.: „Du weißt am besten, welche Aufgaben du machen musst.")
→ sachbezogene Rückmeldung.

Diese Rückmeldungen werden während der Durchführung einer Aufgabe gegeben, um das Verhalten des Kindes zu verändern oder zu stabilisieren.

> Erkennen Sie die Kompetenzen Ihres Kindes in Bezug auf seine Hausaufgaben an?

- Zeigen Sie Ihrem Kind, dass Sie Vertrauen in seine Kompetenzen bezüglich der Aufgabenstellung und Aufgabenbearbeitung haben (z. B.: „Du weißt besser als ich, was du zu tun hast").
- Verhalten Sie sich möglichst sachlich. So entsteht eine aufgabenzentrierte Lernatmosphäre, in der die Beziehung

zwischen Mutter/Vater und Kind in den Hintergrund tritt und somit weniger belastet wird (z.B.: „Du schreibst aber unordentlich“ statt „Du bist unordentlich“).

Vermeiden Sie zu starke Kritik auf persönlicher Ebene (z.B.: „Du kannst ja nicht einmal die Zahlen richtig abschreiben“). Es besteht die Gefahr, dass das Kind sich nicht mehr gemocht fühlt, wenn es etwas falsch oder schlecht gemacht hat.

Woran orientieren Sie sich bei der Bewertung der Leistungen oder Fähigkeiten Ihres Kindes?

Daten und Fakten:

Forschungsergebnisse zeigen, dass es gerade bei Kindern mit Lernproblemen für die Entwicklung eines positiven Selbstbildes von Vorteil ist, sich bei der Bewertung auf vorangegangene Leistungen zu beziehen. So kann ein Schüler, der im Klassenvergleich immer wieder zu den schlechtesten gehört, seinen eigenen Lernfortschritt erkennen und daraus Motivation schöpfen, sich weiterhin anzustrengen.

Da in der Schule die Noten vorwiegend aus dem Vergleich zwischen den Schülern resultieren, ist es umso wichtiger für die Kinder, zu Hause für den eigenen Lernfortschritt über die Zeit sensibel zu werden.

Machen Sie dem Kind seine Lernfortschritte deutlich (z. B.: „Weißt du noch, letzte Woche hattest du Probleme, solche Aufgaben zu lösen, heute hat das super geklappt“).

Vermeiden Sie Vergleiche mit anderen oder mit Ihnen (z.B.: „Deine Schwester hat nicht solche Probleme wie du“ oder „Ich war in Mathe immer super!“ oder „Die anderen Kinder wissen immer, was ihr aufhabt; warum du nicht?“).

Auch hier gilt wie bei allen Verhaltensanregungen die Notwendigkeit, genau zu prüfen, welche Strategien für Sie und Ihr Kind angemessen und hilfreich sind!

Sie haben nun Verhaltensstrategien für die Hausaufgabensituation kennen gelernt, die geeignet sind, das Autonomie- und Kompetenzerleben Ihres Kindes zu fördern und auf diesem Weg zum Aufbau einer selbstbestimmten Lernmotivation beizutragen.

Überprüfen Sie jetzt, inwieweit Sie die genannten Verhaltensstrategien bereits anwenden. Am Ende dieses Kapitels finden Sie einen Fragenkatalog, der die zentralen Punkte zur Unterstützung eines selbstbestimmten Lernens zusammenfasst. Kopieren Sie diese Seite zweimal auf A4. Nehmen Sie eine Kopie und markieren Sie mit einem **roten** Stift die Fragen, die Sie nicht mit „Ja" oder nur mit „teilweise" beantwortet haben, und nutzen Sie **grün** für die Verhaltensweisen, die Ihnen bereits gut gelingen.

Notieren Sie Ihre Beobachtungen unter der Fragestellung:
In welchem Bereich haben Sie mehr rote Markierungen: im Bereich der Hilfe oder im Bereich der Rückmeldungen?
Blättern Sie nun zurück zu den Übungen, die Sie im Zusammenhang mit Ihren Erziehungszielen (S. 27) und zur Produkt-Prozessorientierung (S. 39) bearbeitet haben.
Können Sie Parallelen entdecken?
Wo liegen Ihre Schwerpunkte?
Woran wollen Sie besonders arbeiten?

Nehmen Sie die zweite Kopie mit den Leitfragen zur Hand und markieren in gleicher Weise wie vorher mit Rot oder Grün die Fragen, die Sie mit „Ja" oder „Nein" beantwortet haben. Vergleichen Sie die beiden Abbildungen!

Tipp:
Befestigen Sie das Schaubild der Leitfragen an einem für Sie gut sichtbaren Ort!

Bewerten Sie Ihren eigenen Lernfortschritt und belohnen Sie sich selbst für Ihre Erfolge!

Meine Hausaufgabe:
Wählen Sie mindestens zwei Tage aus, an denen Sie mit Ihrem Kind gemeinsam lernen.

Bevor Sie beginnen,
- erinnern Sie sich daran, dass neben dem Gewähren von Autonomie das Erleben von Kompetenz maßgeblich für die Entwicklung einer selbstbestimmten Lernmotivation ist.
- Wählen Sie auch aus den Anregungen zur Kompetenzunterstützung zunächst gezielt eine oder zwei Maßnahmen aus, die Sie umsetzen möchten.

Nach der Hausaufgabensituation beantworten Sie bitte jeweils folgende Fragen so ausführlich und umfassend wie möglich:

Welche Maßnahmen habe ich versucht anzuwenden?
Wie gut ist es mir gelungen, die Maßnahmen umzusetzen?
Was ist mir schwer gefallen?
Was möchte ich beim nächsten Mal besser machen?
Worauf möchte ich in der nächsten Lernsituation besonders achten?
Wie habe ich mein Kind in der Lernsituation wahrgenommen?

Leitfragen zur Unterstützung des selbstgesteuerten Lernens

Wie wird der Lernprozess vorangetrieben? – Autonomieunterstützung –	Wie geben Sie Ihrem Kind Rückmeldungen? – Kompetenzunterstützung –	
Helfen Sie Ihrem Kind erst dann, wenn es mit der selbstständigen Bearbeitung der Aufgaben überfordert ist?	Ergebnis**ab**hängige Rückmeldungen	Ergebnis**unab**hängige Rückmeldungen
Unterstützen Sie Ihr Kind, indem Sie nur soviel Hilfe geben, dass es den nächsten Arbeitsschritt allein machen kann?	Berücksichtigen Sie bei der Rückmeldung die Passung zwischen den Fähigkeiten des Kindes und der Schwierigkeit der Aufgabe?	Erkennen Sie die Kompetenzen Ihres Kindes in Bezug auf die Aufgaben an?
Regen Sie Ihr Kind zum Einsatz effektiver Lernstrategien an?	Stellen Sie Ihrem Kind gegenüber hohe, aber angemessene Anforderungen, ohne es dauerhaft zu überfordern?	Versuchen Sie, Ihre Rückmeldungen eher auf einer sachlichen Ebene zu äußern?
Überlassen Sie Ihrem Kind die Verantwortung für die Gestaltung der Lernsituation und die Auswahl der Aufgaben?	Unterstützen Sie Ihr Kind darin, die Ursachen eines erzielten Ergebnisses vor allem in den eigenen Anstrengungen zu sehen?	Vergleichen Sie die Leistungen Ihres Kindes vor allem mit vorangegangenen Leistungen statt mit den Leistungen anderer?

Der Umgang mit negativen Emotionen beim Lernen

Nachdem Sie in den vorangegangenen Kapiteln erfahren haben, wie Sie die Selbstständigkeit Ihres Kindes beim Lernen fördern und durch Ihre Rückmeldungen zu einem positiveren Selbstbild beitragen können, kommen wir nun zur emotionalen Ebene. Sie betrifft das dritte der von Deci und Ryan genannten psychologischen Grundbedürfnisse, das Bedürfnis nach sozialer Eingebundenheit (siehe S. 96).

Zunächst einmal ist es wichtig, dass Eltern sensibel für die Emotionen ihrer Kinder sind und ihnen das Gefühl von emotionaler Geborgenheit und emotionalem Verständnis vermitteln. Sie sollten in der Lage sein, die Gefühle ihrer Kinder steuern zu können, wenn diese damit überfordert sind. So nimmt eine Mutter ihren Säugling in die Arme und wiegt ihn, wenn er schreit. Sie erkennt die Trauer ihres kleinen Kindes angesichts eines verlorenen Spielzeugs und spendet Trost, anstatt sich kühl abzuwenden.

Daten und Fakten:
Wie alle anderen Fähigkeiten muss auch der Umgang mit Emotionen erst gelernt werden. Die Eltern spielen dabei einmal mehr die Hauptrolle.

Im Säuglings- und Kleinkindalter sind sie es, die ihre Kinder trösten, beruhigen und ermuntern, wenn sie sich wehgetan haben, und ihre Freude z. B. angesichts einer neuen Entdeckung teilen.

Nach und nach übernehmen Kinder diese emotionalen Strategien von ihren Eltern und lernen im Laufe ihrer Entwicklung immer mehr, ihre Gefühle selbst zu steuern. Kinder im Alter von fünf bis sechs Jahren sind schon weitgehend selbstständige „Emotionsregulierer", die aber natürlich noch oft und gerne auf den Beistand ihrer Eltern zurückgreifen.

Vor allem im Bereich Schule und Lernen sind Strategien der Emotionssteuerung wichtig, um Lern-Unlust, Prüfungsangst und andere negative Gefühle, die mit Lern-Misserfolgen verbunden sind, erfolgreich bewältigen zu können.

Neben einer selbstbestimmten Lernmotivation (siehe Kapitel 7) und effektiven Lernstrategien (siehe Kapitel 6) ist auch der eigenständige und kompetente Umgang mit Lernemotionen eine notwendige Voraussetzung für selbstständiges und erfolgreiches Lernen.

In Kapitel 5 haben Sie sich bereits mit Ihren eigenen Emotionen auseinander gesetzt und verschiedene Strategien zur Steuerung kennen gelernt. In diesem Abschnitt möchten wir Sie darüber informieren, wie Sie Ihr Kind im Umgang mit seinen Emotionen unterstützen können.

Emotional kompetente Erziehung

Das Gefühl von emotionaler Akzeptanz, Zugehörigkeit und Geborgenheit ist im Allgemeinen der Grundstein für eine gesunde Persönlichkeitsentwicklung. Im Zusammenhang mit Lernprozessen stellt es eine wichtige Voraussetzung für die Entwicklung der selbstbestimmten Lernmotivation (siehe Kapitel 7) dar.

Wie beim Umgang mit den eigenen Emotionen (siehe Kapitel 5), ist zunächst *emotionale Sensitivität* erforderlich:

- Erkennen, wann ein Kind eine Emotion erlebt,
- erkennen, um welche Emotion es sich handelt.

Das vorrangige Ziel ist es dann, den eigenen Umgang des Kindes mit seinen Gefühlen zu fördern:

- dem Kind Platz und Zeit lassen, selbst mit seinen Gefühlen zurechtzukommen,
- dem Kind beibringen, wie man kompetent mit Gefühlen umgeht.

Und natürlich ist es wichtig, dem Kind *Verständnis* entgegenzubringen:

– dem Kind zeigen, dass man seine Gefühle erkennt und versteht,
– kompetent eingreifen, wenn das Kind selbst mit seinen Gefühlen überfordert ist.

 Bevor wir uns Schritt für Schritt genauer ansehen, wie die Anleitung zu emotional kompetentem Verhalten in der Lernsituation aussehen kann, betrachten wir Auslöser und Handlungsfolgen der kindlichen Emotionen.

Nehmen Sie hierzu ein A4-Blatt und zeichnen eine Tabelle wie folgt:

Auslöser	Emotionen	Handlungsfolgen	
		ich	mein Kind

Tragen Sie in die Spalte „Emotionen“ die folgenden fünf Gefühle ein, die Kinder am häufigsten in der Lernsituation erleben:

Freude, Enttäuschung, Angst, Stolz und Ärger.

Notieren Sie zu mindestens drei Emotionen mögliche Auslöser in der Spalte „Auslöser“.

Wählen Sie dabei einen **roten Stift** für alle Auslöser, die *direkt* mit der Hausaufgabensituation zu tun haben, z. B.: „Das Kind ist mit der Aufgabe überfordert“ oder „Das Kind hat keine Lust“. Nutzen Sie einen **grünen Stift** für alle Auslöser, die *nicht* direkt mit der Hausaufgabensituation zu tun haben, z. B.: „Das Kind hatte Stress in der Schule“ oder „Es gab Streit mit den Geschwistern“.

Anschließend überlegen Sie sowohl für Ihr Kind als auch für sich selbst, wie Sie beide häufig auf die jeweilige Emotion reagieren, und notieren dies in der Spalte „Handlungsfolgen“.

Notieren Sie Ihre Beobachtungen und Gedanken!

Anleitung zu emotionaler Kompetenz bei den Hausaufgaben

Schritt 1: Die eigenen Gefühle kontrollieren

Den ersten Schritt – den Umgang mit Ihren eigenen Emotionen – haben wir bereits in Kapitel 5 getan. Die beiden wichtigsten Punkte werden hier noch einmal hervorgehoben:

- Emotionale Bewusstheit:
  - erkennen, wann man emotional betroffen ist,
  - erkennen, welche Emotion man erlebt (z. B. Trauer statt Ärger).
- Emotionen kompetent steuern und kontrollieren:
  - die Entstehung von negativen Emotionen von vornherein vermeiden (z. B. durch „Umdenken“),
  - negative Emotionen so regulieren, dass sie keinen Schaden anrichten (z. B. das Aufschaukeln von Aggressionen, wenn beide ihre Gefühle nicht in den Griff bekommen können. In diesem Fall spricht man von emotionaler Ansteckung).

Schritt 2: Negativen Gefühlen des Kindes vorbeugen, die in der Hausaufgabensituation auftauchen könnten

Der zweite Schritt betrifft den Abbau negativer Emotionen Ihres Kindes, die bereits *vor* den Hausaufgaben bestehen, also gar nichts direkt mit der Situation zu tun haben (auf Ihrem Arbeitsblatt die grünen Einträge in der mittleren Spalte). Ähnlich wie Sie „verschleppen" auch Kinder „situationsfremde" Gefühle.

Sprechen Sie vor den Hausaufgaben mit Ihrem Kind. Oft hat es bei Beginn der Hausaufgaben emotionale Erlebnisse aus der Schule noch nicht ganz verarbeitet: Streit mit den Freunden, Stress mit dem Lehrer bzw. der Lehrerin, Unzufriedenheit mit einer schlechten Note. Mögliche Folgen: mangelnde Konzentration, Trotz, Streit mit den Eltern usw.

- Ein Gespräch zwischen Eltern und Kind über die Erlebnisse in der Schule kann Platz zur Verarbeitung dieser Emotionen schaffen.
- Es bietet sich an, ein solches Gespräch während oder nach dem Mittagessen zu führen. Oft reichen 5–10 Minuten bereits, um die wichtigsten Ereignisse zu besprechen.
- Stellen Sie gezielte Fragen zum Schultag und dazu, wie Ihr Kind sich fühlt.
- Nicht selten berichten Eltern, dass aus ihrem Kind nichts über die Schule herauszubekommen ist. Auf Fragen antwortet es – wenn überhaupt – mit „Gut!", „Geht so!" oder „Weiß nicht". Manchmal wirkt es wie ein Türöffner, wenn der Erwachsene von sich zu erzählen beginnt, z. B. „Mir ist heute bei der Arbeit etwas passiert ...".

Schritt 3: Die Gefühle des Kindes erkennen

Beim dritten Schritt geht es darum, die Gefühle Ihres Kindes während der Hausaufgaben zu erkennen. Erst wenn Sie wissen, welches Gefühl Ihr Kind gerade erlebt, können Sie in angemessener Weise reagieren. Versuchen Sie z. B. ein wütendes Kind zu trösten, kann dies zu noch mehr Ärger, Wut und Streitereien führen.

Selbstverständlich haben Eltern eine besondere „Antenne“ dafür, was gerade mit ihrem Kind los ist. Jedoch wird es mit zunehmendem Alter immer schwieriger, die Emotionen von Kindern und Jugendlichen zu entschlüsseln. Dies drückt sich auch in dem Gefühl vieler Eltern aus, den „Draht“ zu ihrem Kind zu verlieren.

Wie werden Gefühle beim anderen erkannt?

Häufig werden Mimik, Gestik und Sprache des Gegenübers zunächst unbewusst gedeutet. So gelangt man zu einem emotionalen Gesamteindruck, wie z. B. „Er ist traurig!“. Ältere Kinder zeigen ihre Emotionen nicht mehr so offen. Man merkt dann nur, dass „irgendetwas los ist“ bzw. dass er oder sie „irgendetwas hat“.

Trainieren Sie bewusst Ihre Fähigkeit, Emotionen zu erkennen.

- Machen Sie mit Ihrem Kind ein kleines Spiel: Setzen Sie sich einander gegenüber und denken sich abwechselnd ein Gefühl aus. Versuchen Sie, das Gefühl durch Mimik und Körperhaltung darzustellen. Der andere hat jeweils die Aufgabe, diesen Gefühlsausdruck zu imitieren und zu entschlüsseln.

  Z. B.: Sie stellen das Gefühl „Ärger“ dar. Sie ziehen die Augenbrauen nach innen herunter und ziehen den Mund zusammen. Sie schieben den Kopf leicht nach vorn und strecken die Schultern nach hinten.

  Ihr Kind tut es Ihnen gleich und sagt, welches Gefühl es seiner Meinung nach zum Ausdruck gebracht hat.
- Versuchen Sie, auch in Alltagssituationen bewusst „im Gesicht Ihres Kindes zu lesen“. Vergewissern Sie sich, ob Sie mit Ihrer Vermutung richtig liegen, indem Sie Ihr Kind nach seinen Empfindungen fragen.

Schritt 4: Verständnis/Mitgefühl zeigen und gleichzeitig Raum zum eigenständigen Umgang mit Gefühlen lassen

Die Schritte 4 und 5 umfassen:

- die Aufforderung zur selbstständigen Steuerung der Gefühle bei gleichzeitiger Vermittlung von Mitgefühl,
- die elterliche Unterstützung, wenn das Kind mit seinen eigenen Gefühlen überfordert ist.

Jedes negative Gefühl, das wir bei jemandem wahrnehmen, der uns wichtig ist, weckt bei uns Handlungstendenzen in eine bestimmte Richtung: Wir spüren einen starken Drang zu helfen, zu trösten, zu beruhigen usw.

Marvin sitzt an seinen Hausaufgaben für Mathe. Er ärgert sich, weil er Aufgabe 2b einfach nicht versteht und schon zum dritten Mal lesen muss. Petra (37) erkennt dies deutlich in seinem Gesicht. Sie verspürt den Drang, einzugreifen, um Marvins Ärger zu beseitigen.

In einer solchen Situation greifen Eltern häufig mit einer auf das Problem gerichteten Strategie ein. „Da ist der Fehler!" oder „Du musst jetzt ____" sowie „Das geht so ____" sind typische Reaktionen.

> Egal, wie Sie sich entscheiden: Sobald Sie handeln, um Ihrem Kind zu helfen, steuern Sie seine Gefühle und nehmen ihm so die Chance, diese selbst in den Griff zu bekommen, obwohl es genau das lernen sollte.

Es ist also wichtig, dem Kind zunächst genug Zeit zu geben, seine Emotionen selbst zu steuern. Halten Sie sich deshalb zumindest am Anfang mit aktiven Handlungen zurück, auch wenn es schwer fällt.

👍 Gleichzeitig ist es wichtig, Ihrem Kind zu zeigen, dass Sie seine Gefühle wahrnehmen und verstehen, indem Sie sie „widerspiegeln".

- Schauen Sie Ihr Kind genau so an, wie es Sie ansieht, bzw. setzen Sie den gleichen Emotionsausdruck auf wie Ihr Kind. Meistens tun Sie dies sowieso automatisch. Im Fachjargon sprechen wir von „emotionaler Ansteckung". In der Umgangssprache heißt dieses emotionale Mitgehen einfach „Mitgefühl".
- Wichtig ist dabei allerdings, es hierbei zu belassen und dem Mitgefühl keine Taten folgen zu lassen – was sonst ebenfalls automatisch passiert.

Durch das „Spiegeln von Emotionen"...

- ... fühlt sich Ihr Kind verstanden und emotional akzeptiert, da es sieht, dass Sie mit ihm fühlen,
- ... unterstützen Sie Ihr Kind darin, sich seiner eigenen Gefühle in der Situation besser bewusst zu werden: Es kann an Ihrer Reaktion erkennen, welches Gefühl es gerade erlebt.

Ohne darauf folgende Hilfe erlebt Ihr Kind die stumme Aufforderung, seine Emotion selbst zu steuern.

> Besonders gut kann man dieses „Spiegeln von Emotionen" bei anderen sehen. Beobachten Sie z. B. am Abendbrottisch die Gesichter der Zuhörer, wenn jemand etwas erzählt, was ihn emotional berührt hat.

Schritt 5: Die Gefühle des Kindes kompetent steuern

Wenn dem Kind der eigenständige Umgang mit seinen Gefühlen nicht gelingt, ist es wichtig, dass die Eltern es dabei unterstützen.

Wenden Sie *zuerst* problemorientierte Strategien an:

- Bieten Sie Hilfe an, die die Selbstständigkeit Ihres Kindes unterstützt.

  Z. B.: „Hast du eine Idee, wie du anders zur Lösung kommst?“ oder „Willst du das Ergebnis noch einmal kontrollieren?“ oder „Schau dir den Rechenschritt noch einmal an.“

- Übernehmen Sie nicht selbst die Problemlösung!

  Z. B.: „Lass mich mal sehen!“ oder „Da ist der Fehler!“ oder „Die richtige Antwort ist ...“ oder „Das musst du so machen.“

Wählen Sie *dann* emotionsorientierte Strategien:

- Muntern Sie Ihr Kind auf!

  Z. B.: „Du schaffst das schon!“ oder „Bleib dran!“ oder „Versuch es einfach noch einmal.“

- Leiten Sie Ihr Kind an, die Situation umzubewerten.

  Z. B.: „Jeder macht mal Fehler!“ oder „Ist doch nicht so schlimm!“ oder „Du hast solche Aufgaben schon mal geschafft, erinnerst du dich?“ oder „Aus Fehlern kann man lernen!“

- Intensivieren Sie die Emotion des Kindes nicht.

  Z. B.: „Das war ja wohl nichts!“ oder „Das ist echt zu schwer, das kannst du ja auch nicht schaffen!“ oder „Was für eine blöde Aufgabe!“ oder ohne Worte durch Stöhnen, Kopfschütteln oder Ähnliches.

Bei sehr intensiven Gefühlen empfehlen sich weitere emotionsorientierte Strategien:

- Lenken Sie Ihr Kind ab!

  Z. B.: „Was hältst du davon, wenn du jetzt erst mal die nächste Aufgabe machst?“ oder „Weißt du, was mir mal passiert ist, als ich mit falschen Hausaufgaben in die Schule gekommen bin?“

Wenn es Ihnen notwendig erscheint, sorgen Sie für eine Auszeit, indem Sie eine Pause vorschlagen.

Unbedingt zu vermeiden sind Strafandrohungen.

Z. B.: „Wenn du dich nicht sofort wieder einkriegst, dann kannst du was erleben!"

Das Gleiche gilt für alle Strategien, mit denen Sie „Dampf ablassen".

Z. B.: „Das kann doch nicht sein!" oder „Hast du überhaupt was verstanden?" oder „Ich dreh gleich durch!" oder „Das machst du jetzt schon zum dritten Mal falsch!" oder lautes Stöhnen/Seufzen, gereizte oder enttäuschte Stimmlage sowie Herumschreien.

Schritt 6: Kindern Möglichkeiten zum selbstständigen Umgang mit Gefühlen zeigen

Eine individuelle Art zu entwickeln, mit den eigenen negativen Gefühlen zurechtzukommen, ist ein langwieriger Prozess, der meist bis in das Jugendalter hinein andauert und bei dem Sie als Eltern neben Ihrem Kind die Hauptrolle spielen.

Wir möchten Ihnen zwei Möglichkeiten vorstellen, diese Entwicklung bei Ihrem Kind gut zu begleiten.

1. Lernen am Modell

Ebenso wie viele andere Dinge lernen Kinder einen angemessenen Umgang mit ihren Gefühlen vor allem durch „Abgucken".

Allerdings kann man umso besser abgucken, je mehr man sieht: Viele unserer „erwachsenen" Regulationsstrategien finden nicht offen sichtbar, sondern nur in unserem Kopf statt, z. B. Umbewertungen von Situationen, innerliches „Bis-zehn-Zählen", sich beruhigen, indem man sich selbst „gaaanz ruhig" sagt, sich einen Plan zur Lösung des Problems machen usw.

Je mehr Sie Ihre eigenen Strategien sichtbar machen, z. B. indem Sie sie laut aussprechen, desto besser kann Ihr Kind verschiedene Möglichkeiten des Umgangs mit Emotionen von Ihnen lernen.

- Erzählen Sie Ihrem Kind, welche negativen Gefühle Sie bei der Arbeit hatten und wie Sie mit ihnen fertig geworden sind.
- Wenn Sie gerade eine Emotion erleben, am besten eine nicht allzu dramatische, machen sie den gesamten Prozess für Ihr Kind nachvollziehbar:
  - Beginnen Sie mit der Nennung der Emotion und ihrer Ursache, z. B.: „Dass die Waschmaschine schon wieder kaputt ist, macht mich ziemlich sauer!"
  - Sagen Sie dann laut, wie Sie mit dieser Emotion umgehen, z. B.: „Ach, was soll's, das Geld für die Reparatur ist zwar ärgerlich, aber da gibt es Schlimmeres. Wenigstens war diesmal keine Überschwemmung im Keller."
  - Kommen Sie zum Schluss mit der Feststellung, dass Sie Ihre Emotionen erfolgreich in den Griff bekommen haben, z. B.: „Da ärgere ich mich nicht weiter drüber, das lohnt sich eh nicht."

2. Gespräche über Emotionen – „Manöverkritik"

Eine weitere Möglichkeit, Kindern zu vermitteln, wie man mit negativen Emotionen klarkommt, stellt das Gespräch dar. Günstige Gelegenheiten hierfür bieten sich vor allem einige Zeit nach einer Konfliktsituation, z. B. Streit bei den Hausaufgaben oder anderen „kleinen emotionalen Krisen" Ihres Kindes in der Schule oder beim Spiel mit Gleichaltrigen.

Wichtig ist, dass sich das Kind zwar schon beruhigt hat, ihm jedoch die Situation und seine Gefühle noch gut in Erinnerung sind.

Folgende Punkte sollten in einer angenehmen Gesprächsatmosphäre *ohne* Vorwürfe, Schuldzuweisungen und Tadel Thema der „Manöverkritik“ sein:

- Fragen Sie Ihr Kind, welches Gefühl oder welche Gefühle es genau erlebt hat und warum. Oft können Kinder ihre eigenen Gefühle nicht klar unterscheiden. Dies ist aber wichtig, um eine zum Gefühl passende Reaktion auswählen zu können. Je besser Ihr Kind seine Gefühle erkennen und benennen kann, desto besser gelingt es ihm, sein Verhalten daran auszurichten.
- Fragen Sie auch nach der Intensität des Gefühls (Zitat eines 8-jährigen Jungens: „Ich hatte eine XXL-Wut“). Zur Einschätzung der Intensität kann auch der Einsatz einer Skala hilfreich sein.
- Besprechen Sie mit Ihrem Kind die typischen Symptome der Emotion, die es erlebt hat (z. B. innerliches Kochen bei Wut) und nennen Sie beispielhaft weitere Situationen, die dieses Gefühl auslösen können.
  - Das Erkennen von typischen Emotionsauslösern hilft Ihrem Kind, das nächste Mal besser vorbereitet zu sein und vielleicht von vornherein bestimmte Situationen zu vermeiden oder anders zu gestalten.
- Fragen Sie Ihr Kind, wie es sich in der konkreten Situation verhalten hat, um herauszufinden, wie es mit seinem Gefühl umgegangen ist.
  - Auch wenn es noch so nahe liegt: Üben Sie an diesem Punkt noch keine Kritik, z. B.: „Du kannst dann doch nicht einfach wild losschreien!“

- Zeigen Sie vielmehr Verständnis und akzeptieren Sie das von Ihrem Kind gewählte Verhalten, z. B.: „Klar, das ist auch eine Möglichkeit, den Ärger loszuwerden, wenn man sein Hausaufgabenheft einfach wegwirft und herumschreit."

Besprechen Sie gemeinsam die Folgen des von Ihrem Kind gewählten Verhaltens.

Machen Sie Ihrem Kind deutlich, wie erfolgreich oder eben nicht erfolgreich seine Strategie war, indem Sie ihm die Konsequenzen aufzeigen. Z. B.: „Wenn du das Heft wegwirfst und herumschreist, ändert das ja nichts an dem Problem. Du willst ja schließlich nicht ohne Hausaufgaben zur Schule gehen. Du hattest dann sogar zusätzlich noch Stress mit mir, das alte Problem war also nicht gelöst und noch ein neues ist dazugekommen. Das hat dich dann ja auch noch ärgerlicher gemacht."

- Wichtig ist hierbei, dem Kind deutlich zu machen, dass es Strategien gibt, die vielleicht kurzfristig erfolgreich erscheinen, weil sie z. B. eine negative Emotion abbauen. Mittel- oder langfristig können diese Strategien jedoch zu einem Anstieg negativer Emotionen führen.
- Lassen Sie Ihr Kind *aktiv* an dieser Beurteilung seiner Strategien mitwirken und sorgen Sie für eine möglichst „sachliche" Gesprächsatmosphäre.

Überlegen Sie schließlich gemeinsam mit Ihrem Kind, wie es sinnvoll mit seinen negativen Emotionen umgehen kann.

- Lassen Sie zunächst Ihr Kind selbst Vorschläge machen, die Sie dann um Ihre eigenen ergänzen. Vor allem gedankliche Strategien – wie Umbewertungen – sollten dabei erarbeitet werden, da viele Kinder diese noch nicht so gut kennen.

- Hier kann auch gut das oben beschriebene Modell-Lernen eingesetzt werden: Erzählen Sie Ihrem Kind, wie Sie in einer vergleichbaren Situation als Kind gehandelt haben und wie Sie heute mit ähnlichen Gefühlen umgehen.
- Stellen Sie sich dabei nicht ausschließlich als „perfekter Emotionsregulierer" dar! Anekdoten über misslungene Versuche, seine Gefühle in den Griff zu bekommen, lockern das Gespräch auf und geben Ihrem Kind das Gefühl, nicht auf der Anklagebank, sondern mit Ihnen „in einem Boot" zu sitzen. Zudem kann es dann gleich das Gelernte anwenden und Ihnen sagen, was es an Ihrer Stelle besser gemacht hätte.

Immer häufiger berichten Eltern von Konfliktsituationen, in denen ihr Kind so wütend wird, dass es mit Gewalt droht oder sogar gewalttätig wird. Meist ist dies das Ergebnis eines langjährigen Prozesses, in dem durch wiederkehrende, ungünstige Situationen Verhaltensweisen erlernt und Muster verstärkt werden. Die Aufgabe der Eltern ist es dann, ihre elterliche Präsenz zurückzugewinnen und ihrem Kind einen sicheren Rahmen zu geben. Da die Komplexität des Themas die Möglichkeiten dieses Ratgebers sprengt, raten wir Ihnen dringend, sich fachliche Unterstützung in einer Beratungsstelle zu suchen, falls Sie dies mit Ihrem Kind schon erlebt haben oder häufiger erleben (Verzeichnis der Erziehungs- und Familienberatungsstellen: www.bke.de oder beim örtlichen Jugendamt).
Literaturtipp: Autorität ohne Gewalt (siehe Anhang)

Denken Sie nun an eine ganz konkrete Situation, die Sie mit Ihrem Kind erlebt haben und beantworten Sie die folgenden Fragen.

Welches vorherrschende Gefühl haben Sie bei Ihrem Kind wahrgenommen?
Was war Ihrer Meinung nach der Auslöser für dieses Gefühl?
Wie hat sich Ihr Kind verhalten?
Wie haben Sie sich verhalten?
Wie ist die Situation ausgegangen?

Wie beurteilen Sie Ihr eigenes Verhalten und was würden Sie anders machen, wenn Sie das bedenken, was Sie über selbstständige Emotionssteuerung erfahren haben?

Formulieren Sie nun Ihre Vorsätze, die Sie Schritt für Schritt umsetzen möchten.

 Meine Hausaufgabe:
Wählen Sie mindestens zwei Tage aus, an denen Sie mit Ihrem Kind gemeinsam lernen.

Bevor Sie beginnen,
- lesen Sie Ihre Vorsätze erneut aufmerksam und
- entscheiden Sie sich zunächst für einen Punkt, den Sie besonders beachten möchten.

Nach der Hausaufgabensituation beantworten Sie bitte jeweils folgende Fragen so ausführlich und umfassend wie möglich:

Wie gut ist es mir gelungen, die Emotion(en) meines Kindes wahrzunehmen? Welche Emotion(en) habe ich wahrgenommen?
Wie gut ist es mir gelungen, den/die Auslöser der Emotion(en) zu erkennen? Was war(en) der/die Auslöser für die Emotion(en)?

Wie gut ist es mir gelungen, meinem Kind zu signalisieren, dass ich seine Emotionen wahrgenommen habe, indem ich ihm diese widergespiegelt habe?
Wie hat mein Kind reagiert?
Wenn es mit seinem Gefühl überfordert war – wie gut ist es mir gelungen, dieses Gefühl auf eine Selbstständigkeit unterstützende Weise zu übernehmen?
Was kann ich beim nächsten Mal besser machen?

Wie kann ich mein Kind bei Lern-Unlust unterstützen?

Die Schritte, die wir Ihnen in diesem Kapitel vorstellen, sind geeignet, wenn Ihr Kind dem Lernen gegenüber massive Abneigung hat, große Konzentrationsprobleme zeigt, sich unruhig oder trotzig verhält, sich Regeln widersetzt, sich Ihnen oder Lehrern gegenüber aggressiv oder feindselig verhält oder wenn es sein Verhalten schwer kontrollieren kann.

Wenn diese Problematik sehr ausgeprägt wird und Sie selbst das Gefühl haben, dass sie über ein „normales" Maß hinausgeht, sollten Sie dringend eine pädagogisch-psychologische Beratungsstelle aufsuchen. Vertrauen Sie bei dieser Entscheidung Ihrer persönlichen Einschätzung und erinnern Sie sich daran: Sie sind Experte für Ihr Kind!

Andernfalls können Sie durch den konsequenten Einsatz von äußeren Anreizen und Belohnungssystemen darauf hinarbeiten, dass Ihr Kind überhaupt beginnt, sich mit den Lerninhalten auseinander zu setzen. So eröffnet sich die Chance, Interesse zu entwickeln und erste Erfolge zu erzielen.

Langfristig sind „äußere Anreize" immer weiter zurückzunehmen und durch Maßnahmen zu ersetzen, die geeignet sind, das *Lernen aus eigenem Antrieb* zu fördern (vgl. Kapitel 7).

Die Anregungen in den folgenden Abschnitten sind eng angelehnt an Trainings- und Therapieprogramme für Eltern von verhaltensauffälligen Kindern, wie z. B. das „Therapieprogramm für Kinder mit hyperkinetischem und oppositionellem Problemverhalten – THOP“ (Döpfner, Schürmann und Frölich, 2002).

Der Teufelskreis

Philipp ist eben von der Schule nach Hause gekommen. Nachdem er zu Mittag gegessen hat, geht er zum Fernseher und schaltet ihn ein. Philipps Mutter Connie möchte aber, dass Philipp seine Hausaufgaben erledigt, bevor er etwas anderes macht. Sie befürchtet, dass er sonst den ganzen Nachmittag mit den Aufgaben verbringt – und sie auch. Außerdem hat er um 16.00 Uhr Fußballtraining und wenn er nicht gleich beginnt, schafft er es niemals, vorher fertig zu werden. „Philipp“, sagt Connie, schon durch den bloßen Gedanken verärgert und empört, dass ihr Sohn überhaupt auf die Idee kommt, den Fernseher anzuschalten, „du schaltest jetzt sofort den Fernseher aus und machst deine Hausaufgaben!“

Philipp reagiert nicht, aber das kennt Connie ja schon. Wenn der Fernseher läuft, ist der Junge auf beiden Ohren taub. „Philipp!“, ruft sie genervt, „hör mir doch mal zu, wenn ich mit dir spreche! Ich habe gesagt, du sollst sofort den Fernseher ausmachen und deine Hausaufgaben machen!“

„Ja, gleich“, sagt Philipp, macht aber keine Anstalten, sich vom Fernseher wegzubewegen. Nach einer Viertelstunde platzt Connie der Kragen. Sie kommt laut schimpfend ins Wohnzimmer: „So, Freundchen, es reicht jetzt! Ich habe es dir jetzt dreimal freundlich gesagt, jetzt ist Schluss! Du machst jetzt sofort den Fernseher aus und machst deine Hausaufgaben! Und wenn du schon im Flur bist, um deinen Ranzen zu holen, stellst du auch gleich deine Schuhe ins Regal! Die hast

du auch schon wieder durch die Gegend geworfen." Philipp steht maulend auf: „Nie lässt du mich meine Lieblingssendung sehen. Immer diese Scheiß-Hausaufgaben."

Philipp holt seinen Tornister und breitet seine Sachen auf dem Fußboden im Wohnzimmer aus. Er entdeckt in seinem Tornister seine Sammel-Karten. Da fällt ihm ein, dass er ja heute in der Schule ein paar neue eingetauscht hat. Die muss er sich doch erst noch mal ansehen. Connie glaubt ihren Augen nicht zu trauen. Täglich dieser Kampf um die Hausaufgaben, sie ist es wirklich leid. Gereizt fordert sie Philipp auf: „Leg sofort die Karten weg und geh gefälligst an deinen Schreibtisch! So kann man doch nicht schreiben." Philipp antwortet: „Ich muss grad noch diese hier sortieren", und beschäftigt sich weiter mit seinen Karten. Völlig entnervt sagt Connie: „Philiiipp, los jetzt!"

Endlich packt Philipp seine Sachen wieder ein und geht in sein Zimmer. Mit einem Arm schiebt er alles, was auf seinem Schreibtisch herumliegt, zur Seite und packt sein Mathe-Heft aus. Da fällt ihm ein, dass er gar nicht weiß, welche Aufgaben er machen muss. Er entdeckt das halb fertig gebaute Raumschiff und macht sich sofort daran, es weiterzubauen. Connie kommt nach einer Weile herein und dreht fast durch. „Ich denke die ganze Zeit, du hast schon angefangen, aber nein, was machst du stattdessen? Baust hier an deinem Raumschiff herum! Philipp, es reicht jetzt! Fußball kannst du für den Rest der Woche vergessen und den Film heute Abend ebenso!"

Da dreht Philipp durch. Er ist wütend, schmeißt das Raumschiff in die Ecke und schimpft laut weinend: „Du bist ja so gemein! Ich wollte doch grad anfangen, als du reingekommen bist, aber ich weiß ja gar nicht, was ich aufhabe! Wie soll ich da Hausaufgaben machen?"

Connie ruft bei Philipps Freund an und erkundigt sich nach den Aufgaben. Sie kommt ins Kinderzimmer zurück und sagt: „Siehst du, genau so hab ich mir das gedacht. Jetzt sitz ich schon wieder hier mit dir, weil du es nicht alleine hinkriegst, deine Hausaufgaben zu machen. Ich geh jetzt nicht hier weg, bevor du fertig bist. Und wehe, du machst jetzt nicht endlich voran!"

Bevor wir zu einem späteren Zeitpunkt diese Situation näher betrachten, möchten wir zunächst aufzeigen, wie „Teufelskreise" entstehen und wie man sie durchbrechen kann.

Daten und Fakten:
Durch den Kontakt mit den Bezugspersonen lernt das Kind neben dem Sprechen und Laufen auch Zusammenhänge zwischen Handlungen und Ergebnissen zu erfassen, z. B. wie es sich verhalten muss, um die Aufmerksamkeit der Eltern zu erhalten.

Eltern fördern häufig ganz unbewusst unerwünschtes Verhalten ihres Kindes. Während wünschenswertes Verhalten oft nicht beachtet, sondern als „normal" angesehen und hingenommen wird, erhält das Kind Aufmerksamkeit, wenn es eben *nicht* das tut, was von ihm erwartet wird. Dieses Muster hat das Kind durch Erfahrung in zahlreichen immer wiederkehrenden Situationen gelernt.

So entsteht ein Teufelskreis, den zu durchbrechen zunächst voraussetzt, dass er erkannt wird.

Die Prinzipien des Lernens gelten gleichermaßen für kompetentes und problematisches Verhalten! Das heißt, Ihr Kind hat das problematische Verhalten erlernt, weil es erfahren hat, dass es damit Erfolg hat und z. B. darum herum kommt, eine Pflicht zu erledigen oder erreicht, etwas Bestimmtes zu bekommen.

Konfliktsituationen laufen häufig nach dem gleichen Schema ab: Eltern fordern ihr Kind auf, etwas zu tun. Wenn das Kind der Aufforderung folgt, wird das als normal hingenommen. Folgt es der Aufforderung nicht, wird diese wiederholt. Folgt das Kind der Aufforderung auch dann nicht, drohen Eltern dem Kind eine Konsequenz an, die häufig nicht eingehalten wird. Reagiert das Kind dann immer noch nicht in erwünschter Weise, werden die angedrohten Konsequenzen verschärft und möglicherweise wieder nicht eingehalten. Am Ende fühlen sich die Eltern ratlos, geben nach oder reagieren aggressiv. Diese Eskalationsschleife gilt es zu durchbrechen.

Lassen Sie sich nicht von Ihrem Kind erziehen! Übernehmen Sie stattdessen Ihre Erziehungsverantwortung und machen sich klar, dass Sie als Erwachsener die Situation steuern können und sollten.

Beschreiben Sie, wie bei Ihnen die „typische" Konfliktsituation aussieht. Tun Sie dabei so, als seien Sie ein außenstehender Beobachter, schreiben Sie also von sich in der dritten Person.

Den Teufelskreis durchbrechen

In Familien, in denen es regelmäßig Konflikte in der Lernsituation gibt, haben Eltern häufig das Gefühl, dass sie nur noch ermahnen, drohen und strafen. Ähnlich erlebt das Kind seine Eltern: ständig schimpfend und unzufrieden.

Halten Sie bitte einen Moment inne und notieren Sie ganz spontan: Wie viel Prozent der Situationen mit Ihrem Kind bewerten Sie negativ und wie viel positiv? Notieren Sie die Zahlen, die Sie als Erstes im Sinn hatten!

Eine überwiegend negative Wahrnehmung lässt auf beiden Seiten die Erwartung entstehen, dass es in der nächsten Situation wieder zur Auseinandersetzung kommt.

Eine Möglichkeit, diesen negativen Teufelskreis zu durchbrechen, besteht darin, ganz bewusst auf das zu achten, was trotz all der bestehenden Schwierigkeiten gut läuft, und so die einseitige Sichtweise, dass es nur Probleme gibt, zu korrigieren.

Das beinhaltet auch, dem Kind gegenüber diese positiven Beobachtungen zu äußern und auf ein erwünschtes Verhalten des Kindes mit positiven Konsequenzen zu reagieren. Dies motiviert das Kind, sich zukünftig auf gleiche Weise zu verhalten.

Hierzu einige Anregungen:

- Schenken Sie Ihrem Kind Aufmerksamkeit, wenn es einer Aufforderung nachgekommen ist.
- Verwenden Sie vor allem soziale Verstärker (Lob, Aufmerksamkeit, Zuwendung, Anerkennung, gemeinsame Aktivitäten) und gehen Sie mit materiellen Belohnungen (Geld, Süßigkeiten, Geschenke) eher sparsam um.
- Loben Sie Ihr Kind, sobald es einer Aufforderung nachkommt.
  - Sagen Sie „Danke!“
  - Streichen Sie Ihrem Kind über den Kopf
  - „Ich bin stolz darauf, wie du das gemacht hast!“

Beachten Sie dabei: Je länger Sie warten, umso weniger wirkt diese positive Reaktion als Bekräftigung.

- Loben Sie vor allem das Verhalten des Kindes und nicht das Kind in seiner Person. Auf diese Weise lernt das Kind, sein Verhalten zu regulieren („Ich freue mich, dass du so schön deutlich geschrieben hast“ statt „Du bist ordentlich“).
- Geizen Sie nicht mit Lob und Zuspruch!
- Besprechen Sie mit Ihrem Kind z. B. am Abend oder im Anschluss an eine bisher typischerweise schwierige Situation, welche Aufforderungen und Regeln es befolgt hat. Das zeigt dem Kind, wie wichtig Ihnen ist, dass es sich daran hält.
- Loben Sie Ihr Kind besonders, wenn es sich in der erwünschten Weise verhält, ohne dass Sie ausdrücklich darum gebeten haben, z. B. wenn es ohne Aufforderung seine Schulsachen ausgepackt hat.
- Vermeiden Sie Aussagen wie: „Na also, warum nicht gleich so!“ oder „Geht doch!“ Diese beinhalten indirekte Kritik.

Das Prinzip ist einfach, aber im Alltag nicht immer leicht umzusetzen.

Meine Hausaufgabe:

Geben Sie im Anschluss an die nächsten fünf Lernsituationen mit Ihrem Kind in gleicher Weise wie zuvor eine Einschätzung der positiven und negativen Anteile in Prozenten ab.

Notieren Sie *mindestens zwei* positive Verhaltensweisen Ihres Kindes und *zwei* Ihres eigenen Verhaltens in der Situation.

Betrachten Sie, ob sich Veränderungen abzeichnen, und schreiben Sie Ihre Beobachtungen auf.

Selbstverständlich sind allein mit dieser Maßnahme nicht alle Probleme aus dem Weg geräumt! Ebenso wichtig wie positive Konsequenzen für erwünschtes Verhalten sind negative Konsequenzen für ungünstiges Verhalten.

In vielen Familien wird in der Erziehung zu oft mit negativen Konsequenzen gearbeitet. Zwar kann mit einer Strafe ein störendes Verhalten für den unmittelbaren Moment unterbunden werden, das Kind lernt jedoch keine Verhaltensalternativen kennen.

Zum effektiven und konstruktiven Einsatz von negativen Konsequenzen gibt es einige wichtige Regeln zu bedenken:

Vermeiden Sie „harte" Strafen.

Erarbeiten Sie stattdessen für einzelne Regeln und Aufforderungen *natürliche* negative Konsequenzen, d.h. Folgen, die sich aus dem Problemverhalten ableiten lassen. Z.B.:

- Trödeln bei den Hausaufgaben → keine Verabredung mit Freunden.
- Hausaufgaben wiederholt nicht aufgeschrieben → Kontrolle des Hausaufgabenheftes durch Eltern und Lehrer oder ohne Hausaufgaben zur Schule gehen.

Beachten Sie dabei:

- Die negativen Konsequenzen müssen durchführbar sein.
- Führen Sie eine angekündigte negative Konsequenz auch wirklich durch und belassen Sie es nicht bei der Androhung, sonst ist es keine Konsequenz.
- Bleiben Sie bei der Durchführung negativer Konsequenzen möglichst ruhig.
- Führen Sie negative Konsequenzen unmittelbar durch.

Probleme, die sich bei der Umsetzung ergeben können:

- Vielen Eltern fällt es schwer, konsequentes Verhalten durchzuhalten, weil es so aufwändig erscheint.
- Viele Kinder, die konsequentes Verhalten nicht gewohnt sind, testen die Grenzen zunächst ganz genau aus, andere reagieren mit „scheinbarer Gleichgültigkeit", indem sie deutlich machen, dass ihnen die Konsequenz gar nichts ausmacht.

> Messen Sie den Erfolg nicht an der unmittelbaren Reaktion sondern an der schrittweisen, jedoch langfristigen Veränderung. Auch für Ihre eigene Motivation ist es wichtig, die positiven Veränderungen als Erfolg festzuhalten!

Ein weiterer wichtiger Schritt dem Teufelskreis zu entgehen betrifft die Art und Weise, in der Sie Ihrem Kind gegenüber Aufforderungen äußern. Auch hierzu geben wir Ihnen einige Anregungen:

Bevor Sie eine Aufforderung aussprechen,

- ... überprüfen Sie, wie wichtig Ihnen die Regel oder Aufforderung ist, und überdenken Sie, ob sie angemessen ist. Stellen Sie eine Aufforderung nur, wenn Sie bereit sind, diese auch durchzusetzen.
- ... überlegen Sie positive *und* negative Folgen für den Fall, dass Ihr Kind der Aufforderung (nicht) nachkommt.

Wenn Sie eine Aufforderung aussprechen,

- ... achten Sie darauf, dass Ihr Kind aufnahmefähig ist. Stellen Sie z. B. keine Aufforderung, wenn es gerade seine Lieblingssendung sieht.
- ... versichern Sie sich, dass Ihr Kind zuhört, z. B. indem Sie zu ihm gehen und Blickkontakt herstellen oder es berühren.

... äußern Sie eine Aufforderung nicht als Bitte. Sprechen Sie sie einfach und neutral aus, *ohne negative Betonung*! → Eltern gehen oft schon im Vorfeld davon aus, dass das Kind der Aufforderung ohnehin nicht nachkommt, und das führt zu Missstimmung.

... achten Sie darauf, immer nur *eine* Aufforderung, diese aber eindeutig zu äußern! → Verzichten Sie lieber auf bestimmte Aufforderungen und beschränken Sie sich auf die, die Ihnen wirklich wichtig sind.

Wenn Sie eine Aufforderung ausgesprochen haben,

... bitten Sie Ihr Kind, diese zu wiederholen.

... bleiben Sie in der Nähe, um sicher zu sein, dass Ihr Kind der Aufforderung folgt.

Beachten Sie:
Hier geht es um die Veränderung langjährig eingeschliffener Erziehungsgewohnheiten, das fällt besonders schwer. Seien Sie bei Ihrer persönlichen Zielsetzung realistisch, um Enttäuschung und Frust zu vermeiden!

Tipp:
Hängen Sie die für Sie wichtigsten Regeln als Erinnerung gut sichtbar in der Wohnung auf!

Erinnern Sie sich bitte an die oben beschriebene Situation von Philipp und seiner Mutter! (S. 140) Wir werden Ihnen jetzt die aus unserer Sicht kritischen Verhaltensweisen der Mutter deutlich machen und ggf. Alternativen aufzeigen.

- Ganz offensichtlich gibt es keine festen Regeln dazu, ob, in welcher Form und wie lange Philipp nach der Schule eine Pause macht und wann er mit seinen Hausaufgaben beginnt.

→ Es wäre hilfreich, wenn Connie gemeinsam mit Philipp solche Absprachen treffen würde, die sich vor allem nach seinen Bedürfnissen richten (siehe Kapitel 7).

- Connie ist bereits durch ihre eigene Gedankenkette verärgert, noch bevor sie überhaupt mit ihrem Sohn in Kontakt tritt.

  → Mit der bewussten Wahrnehmung dieses inneren „Aufschaukelns" hätte Connie die Möglichkeit, ihre Emotionen zu regulieren, um dann in Ruhe zu überlegen, wie sie mit der Situation umgehen will (siehe Kapitel 5).

- Connie gibt ihre Anweisungen aus der Küche heraus, ohne sich zu vergewissern, ob ihr Sohn ihr zuhört. Sie achtet nicht darauf, dass er ihrer Anweisung folgt, ist nach einer Viertelstunde völlig entnervt und beginnt zu schreien. Dann gibt sie Philipp noch den Auftrag, auf einem Weg seine Schuhe wegzuräumen, gibt also mehrere Anweisungen gleichzeitig (siehe oben).

- Philipp legt sich auf den Fußboden, um dort seine Aufgaben zu machen. Connie schickt ihn auf sein Zimmer, weil *sie* der Meinung ist, man könne auf dem Boden nicht schreiben. Es gibt auch hier keine eindeutigen Absprachen, und als Philipp in sein Zimmer kommt, muss er auf seinem Schreibtisch erst einmal Platz schaffen.

  → Für Philipp wäre es hilfreich, die klare Regel zu treffen, dass er seine Aufgaben in seinem Zimmer erledigt und gemeinsam seinen Arbeitsplatz so zu gestalten, dass es dort nicht zu viel Ablenkung gibt (siehe Kapitel 7).

- Connie stellt negative Konsequenzen in Aussicht:
  1. *„Fußball kannst du für diese Woche vergessen"* – Diese Konsequenz ist nicht angemessen.
  2. *„… und den Film heute Abend ebenso!"* – Diese Konsequenz steht nicht im Zusammenhang mit der aktuellen Situation.

→ Eine logische Folge aus dieser Situation wäre, dass das Fußballtraining am Nachmittag ausfallen muss, wenn Philipp seine Aufgaben nicht erledigt hat (siehe oben). Die Konsequenz auf die ganze Woche auszuweiten ist unangemessen.

- Als Philipp nicht weiß, welche Aufgaben er zu machen hat, übernimmt Connie den Anruf bei seinem Freund.
  → Dieser Anruf ist Philipps Aufgabe, denn er ist primär für seine Hausaufgaben zuständig und verantwortlich (Kapitel 7).
- Zum Schluss der Situation macht Connie Philipp Vorwürfe. Ihr Vorhaben, bei ihm zu bleiben, bis er die Aufgaben fertig hat, wirkt eher bedrohlich als unterstützend.

Lesen Sie nun die Beschreibung Ihrer eigenen Situation aufmerksam durch und verfahren Sie in gleicher Weise wie wir mit unserer Beispielsituation.

Beschreiben Sie in Stichpunkten Ihre problematischen Verhaltensweisen.
Entwickeln Sie für Ihre Situation alternative Verhaltensstrategien auf der Basis der verschiedenen Anregungen in diesem Buch.

 Meine Hausaufgabe:

Denken Sie an *ein* bestimmtes Verhalten, das Ihr Kind in der Lernsituation immer wieder zeigt und das häufig Auslöser für Konflikte ist, z.B. Trödeln bei den Hausaufgaben. Beobachten Sie Ihr Kind in der nächsten Situation und beschreiben Sie so genau wie möglich, worin die Schwierigkeiten bestehen.

Zum Beispiel: „Mein Kind kann bei den Hausaufgaben nicht länger als fünf Minuten konzentriert arbeiten, stattdessen schaut es aus dem Fenster oder beschäftigt sich zwischendurch mit etwas anderem." Schreiben Sie nicht einfach „Mein Kind trödelt bei den Hausaufgaben", sondern erfassen Sie *genau* seine Verhaltensweisen.

Überlegen Sie sich, wie Sie Ihr Kind effektiv auffordern können, sich anders zu verhalten. Planen Sie, zu welcher Konsequenz Sie greifen, wenn es der Aufforderung nicht nachkommt, und wie Sie es verstärken, wenn es sich in der erwünschten Weise verhält.

Achten Sie in den nächsten zwei Wochen ganz gezielt auf dieses Verhalten und reagieren Sie wie geplant. Notieren Sie nach jeder Situation Ihre Beobachtungen unter den folgenden Fragestellungen:

Wie hat die Situation begonnen, wie hat sich mein Kind verhalten?
Wie gut ist es mir gelungen, meine Aufforderungen effektiv zu formulieren?
Wie habe ich die negative Konsequenz angekündigt und durchgeführt?
War die Konsequenz eine logische Folge und in ihrem Ausmaß angemessen?
Wie hat mein Kind reagiert?

Durch Beachtung der bisher genannten Regeln ist bereits ein Ausbruch aus dem Teufelskreis möglich:

Eltern sprechen eine effektive Aufforderung aus. Folgt das Kind der Aufforderung, wird es dafür mit Lob positiv verstärkt. Folgt es der Aufforderung nicht, so wird diese wiederholt und eine negative Konsequenz angekündigt. Reagiert das Kind in erwünschter Weise, wird es nun positiv verstärkt. Reagiert es nicht, wird die negative Konsequenz durchgeführt.

Wenn Sie feststellen, dass die bisher beschriebenen Maßnahmen zu keiner Veränderung führen, gibt es die Möglichkeit, einen *Punkte-Plan* einzuführen.

Für Kinder, die schon relativ selbstständig arbeiten, sind die in diesem Abschnitt beschriebenen Maßnahmen weniger geeignet!

Im Gegenteil: Wird permanent mit dieser Form der äußeren Verhaltenslenkung gearbeitet, kann sie eine vorhandene selbstbestimmte Lernmotivation verringern.

Sie sind Experte für Ihr Kind. Niemand kennt Ihr Kind so gut wie Sie.

Prüfen und entscheiden Sie, welche Maßnahmen für Ihr Kind und in Ihrer Situation angemessen sind!

Durchführung eines Punkte-Plans

Das Kind erhält einen Punkt, wenn es ihm gelingt, sich an bestimmte Verhaltensregeln zu halten. Die Punkte werden später in eine Belohnung eingetauscht, wodurch das Kind zu Verhaltensänderungen motiviert wird.

Der Punkteplan unterstützt ein organisiertes, systematisches und faires Vorgehen mit klaren Regeln für Kinder und Eltern.
Auf diese Weise wird die Aufmerksamkeit sowohl bei den Eltern als auch beim Kind auf das erwünschte Verhalten gerichtet und nicht wie sonst auf das unerwünschte.

Bei der *Entwicklung eines Punkte-Planes* ist Folgendes zu bedenken:

- Wählen Sie ein konkretes Problemverhalten aus, das verändert werden soll, und beschreiben Sie sowohl das Verhalten als auch die Situation, in der es meist auftritt, möglichst konkret. Vielschichtige Probleme sollten dabei in mehrere Schritte aufgeteilt werden. Diese Aufteilung ist wichtig, damit das Kind für jedes angemessene Verhalten einzeln belohnt werden kann.

- Legen Sie möglichst genau fest, wie das erwünschte Verhalten in dieser Situation aussehen sollte.
- Bestimmen Sie gemeinsam, wie viele Punkte Ihr Kind für das jeweilige Verhalten erhält.
- Bei komplexen Situationen, wie es die Hausaufgaben sind, ist es vorteilhaft, Teilschritte zu belohnen, z. B. 1 Punkt für Sachen auspacken, 1 Punkt für die erste Aufgabe ... (je nachdem, wo genau das Kind die Probleme hat).
- Legen Sie gemeinsam mit Ihrem Kind eine Wunschliste für Belohnungen an, gegen die das Kind seine Punkte eintauschen kann. Raten Sie Ihrem Kind, dass es sich kleinere Belohnungen aussucht, die bald erreichbar sind und schlagen Sie ihm vor, sich nicht nur materielle Dinge, sondern auch z. B. gemeinsame Aktivitäten zu wünschen.
- Bestimmen Sie gemeinsam mit dem Kind die Anzahl der Punkte, die für jede Belohnung notwendig sind.
- Fertigen Sie mit Ihrem Kind zusammen „Spielregeln" für den Punkte-Plan an, auf dem das erwünschte Verhalten und die Anzahl der Punkte, die sich Ihr Kind verdienen kann, eingetragen werden.
  Zeichnen Sie außerdem zusammen einen Wochenplan, in den die Punkte eingetragen werden. Sie können alternativ zu geschriebenen Punkten auch kleine Klebebilder auswählen. Hängen Sie beides gut sichtbar im Arbeitsbereich Ihres Kindes auf.

Auch bei der *Durchführung des Punkte-Planes* gibt es Dinge, die zu beachten sind:

- Befestigen Sie das Punkte-Konto gemeinsam an einer gut sichtbaren Stelle.

- 👍 Erinnern Sie Ihr Kind zu Beginn der üblicherweise problematischen Situation an den Punkte-Plan.
- 👍 Vergeben Sie die Punkte sofort, nachdem sich Ihr Kind in erwünschter Weise verhalten hat. Wenn es keinen Punkt erhält, erklären Sie in neutralem Ton, warum es keinen Punkt bekommen hat, und ermutigen Sie es, sich beim nächsten Mal mehr anzustrengen.
- 👍 Besprechen Sie abends mit Ihrem Kind, wie gut es sich an diesem Tag an den Punkte-Plan gehalten hat. Loben Sie Ihr Kind für seine Erfolge und machen Sie ihm Mut für den nächsten Tag.
- 👍 Beim Tausch der Punkte entscheidet Ihr Kind selbst, welche Belohnung es haben möchte.
- 👎 Einmal verdiente Punkte dürfen nicht wieder entzogen werden!
- 👎 Erwarten Sie keine Wunder! In der Regel erreichen die meisten Kinder in der ersten Woche etwa die Hälfte aller möglichen Punkte.
- 👎 Denken Sie nicht, dass mit dem Punkte-Plan, der auf ganz bestimmte Verhaltensänderungen abzielt, sich gleich auch alle anderen Probleme erledigen.

Der Punkte-Plan sollte von Zeit zu Zeit *an die aktuelle Situation angepasst* werden:

- 👍 Wenn der Punkte-Plan an Attraktivität verliert, ergänzen Sie die Belohnungen (z. B. größere Belohnungen, für die mehr Punkte gesammelt werden müssen).
- 👍 Vermindern Sie die Punktzahl für erwünschtes Verhalten, wenn das betreffende Verhalten für Ihr Kind nicht mehr so schwierig ist.

- Wenden Sie den Punkte-Plan auf andere problematische Verhaltensweisen an, wenn das ursprünglich zugrundeliegende Verhalten nur noch selten auftritt.
- Größere Belohnungen bereiten auf das Beenden des Punkte-Planes vor, da die Belohnungen nicht mehr jeden Tag so sehr im Vordergrund stehen.
- Beenden Sie den Punkte-Plan nicht zu schnell – das unproblematische Verhalten sollte mehrere Wochen andauern, bevor der Punkte-Plan beendet wird.
- Die Beendigung des Punkte-Planes sollte durch „natürliches Vergessen“ geschehen! – Eltern und Kind vergessen die Einhaltung des Punkte-Planes, wenn das problematische Verhalten nur noch selten auftritt. Dieser Effekt ist erwünscht! Dennoch sollte das Kind weiterhin für das erwünschte Verhalten gelobt werden.
- Wenn der Punkte-Plan nicht von allein „einschläft“, verzichten Sie probeweise darauf.

Probleme, die bei der Umsetzung auftreten können:

- Das Zielverhalten ist nicht ausreichend definiert.
- Die Verhaltenskriterien für die Punktvergabe sind zu hoch angesetzt.
- Die Belohnungen sind zu gering.
- Wenn keine Veränderung erreicht wird, kann das daran liegen, dass
  a) die Eltern mit den bisher erzielten Veränderungen nicht zufrieden sind und es das Kind spüren lassen,
  b) die Beziehung so stark beeinträchtigt ist, dass die Eltern nicht zu einer positiven sozialen Verstärkung fähig sind, oder die Zuwendung der Eltern vom Kind nicht angenommen werden kann.

In den vorangegangenen Kapiteln haben wir Sie angeregt, Ihre Zielsetzungen zu überdenken und Ihren Umgang mit den eigenen Gefühlen im Zusammenhang mit Lernsituationen zu reflektieren. Wir haben Ihnen praktische Anregungen gegeben, wie Sie selbstständiges Lernen und eine selbstbestimmte Lernmotivation Ihres Kindes fördern können.

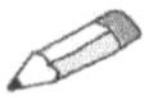 Nehmen Sie nun bitte die Situationsbeschreibung zur Hand, in der Sie zu Beginn der Lektüre dieses Buches eine für Sie typische Konfliktsituation genau beschrieben haben (S. 19).

Markieren Sie die Punkte **grün**, in denen Sie nun, nach Beendigung der Übungen, positive Veränderungen feststellen können, und mit **rot** die weiterhin kritischen Punkte.

Im letzten Kapitel stellen wir Ihnen die wesentlichen Ergebnisse unserer Auswertungen im Zusammenhang mit unserem Elterntraining vor.

Kapitel 8

Das Elterntraining „Lernlust statt Lernfrust"

Das Training zielt darauf ab, sowohl auf die Einstellungen als auch auf das Verhalten der Eltern Einfluss zu nehmen, und darüber vermittelt auch Veränderungen in der Lernmotivation des Kindes zu erreichen.

Es wurde in zwei Formen durchgeführt: Die Hälfte der teilnehmenden Mütter traf sich in kleinen Gruppen zu wöchentlichen Trainingssitzungen in der pädagogisch-psychologischen Beratungsstelle der Universität Bielefeld. Unter Anleitung von geschulten Trainern wurden die Inhalte gemeinsam erarbeitet und in Rollenspielen und Übungen vertieft. Die andere Hälfte der Teilnehmerinnen erhielt schriftliches Material per Post zugesandt.

Genau wie Sie in diesem Buch setzten sich die teilnehmenden Mütter zum einen mit ihren persönlichen Einstellungen und Zielsetzungen auseinander und lernten zum anderen konkrete Verhaltensweisen im Zusammenhang mit der Lernsituation kennen.

Sowohl bei der Zusammenstellung der Trainingsinhalte als auch bei der Trainerschulung wurde im Einklang mit der Selbstbestimmungstheorie (siehe Kapitel 7) besonders viel Wert darauf gelegt, erlebnisorientiert vorzugehen und den Bedürfnissen nach Autonomie- und Kompetenzerleben sowie nach sozialer Eingebundenheit seitens der Teilnehmerinnen gerecht zu werden.

In einer begleitenden Studie wurde die Wirksamkeit des Trainings anhand von Fragebögen und Videoauswertungen untersucht. Es konnte nachgewiesen werden, dass das Training zu einer Verringerung der Konflikte beiträgt. Außerdem zeigte sich, dass die Mütter vermehrt unterstützende Strategien nutzten und der Anteil kontrollierender Maßnahmen, die bei Kindern häufig zu Leistungsdruck führen, abnahm. Die Mütter gewannen mehr Sicherheit im Umgang mit der häuslichen Lernsituation und bei den Kindern zeigte sich ein Anstieg der eigenen Fähigkeitsüberzeugungen und Veränderungen in der motivationalen Ausprägung. Auch nach fünf Monaten waren die Effekte noch sichtbar.

In den abschließenden Befragungen zeigten sich 89,5 Prozent der Teilnehmerinnen des Gruppentrainings ziemlich bis sehr zufrieden, fünf Monate später stieg der Prozentsatz auf 93,8 Prozent. Auch der Anteil der zufriedenen Mütter, die das schriftliche Material erhielten, lag ähnlich hoch (85 Prozent bzw. 87,5 Prozent). Die Frage, ob sie das Training weiterempfehlen würden, beantworteten direkt nach Ablauf des Trainings in der ersten Gruppe 89 Prozent mit „Ja" und in der zweiten Gruppe 75 Prozent. Nach fünf Monaten waren sich beide Gruppen mit 88,2 Prozent bzw. 87,5 Prozent Zustimmung nahezu einig.

Die Veröffentlichung der Evaluationsstudie (Dissertationsschrift, Monika Rammert) ist unter folgendem Link zu finden: http://pub.uni-bielefeld.de/publication/2610121.

Nähere Informationen über das Elterntraining können Sie der Internetseite der Pädagogisch-Psychologischen Beratungsstelle der Universität Bielefeld entnehmen:
www.uni-bielefeld.de/psychologie/ae/AE09/beratungsstelle/beratungsstelle.html

Wir hoffen, wir konnten mit diesem Buch einen Beitrag für ein besseres Verständnis Ihres Kindes und Ihrer eigenen, oft routinemäßig ablaufenden Verhaltensmuster leisten und Sie durch unsere Übungen zu neuen Lösungswegen anregen.

Anhang

Internetadressen und Literaturhinweise

Bundeskonferenz für Erziehungsberatung
Vorsitzender: Dipl.-Psych. Jürgen F. Detering
Geschäftsführer: Dipl.-Soz. Klaus Menne
www.bke.de

Das Online-Familienhandbuch
Herausgeber: Prof. Dr. Dr. Dr. Wassilios E. Fthenakis und Dr. Martin R.Textor
www.familienhandbuch.de

Deutscher Bildungsserver: www.bildungsserver.de

Statistisches Bundesamt: www.destatis.de

Schulpsychologie im Internet
Herausgeber: Dipl.-Psych. Lothar Dunkel, Münster;
Schulpsychologe und Internet-Beauftragter der Sektion Schulpsychologie im Berufsverband
Deutscher Psychologinnen und Psychologen
www.schulpsychologie.de

Literaturtipps

Deci, E. L. & Ryan, R. M. (1993). Die Selbstbestimmungstheorie der Motivation und ihre Bedeutung für die Pädagogik. Zeitschrift für Pädagogik, 39, S. 223–238.

Fuhrer, U. (2005). Lehrbuch Erziehungspsychologie. Bern: Huber.

Gruber, H. & Stamouli, E. (2009). Intelligenz und Vorwissen. In: E. Wild & J. Möller (Hrsg.). Lehrbuch Pädagogische Psychologie (S. 27–47). Berlin: Springer.

Hofer, M., Wild, E. & Noack, P. (2002). Lehrbuch Familienbeziehungen: Eltern und Kinder in der Entwicklung. Göttingen: Hogrefe.

Döpfner, M., Schürmann, S. & Frölich, J. (2002). Therapieprogramm für Kinder mit hyperkinetischem und oppositionellem Problemverhalten: THOP. Weinheim: Beltz.

Omer, H. & von Schlippe, A. (2004). Autorität ohne Gewalt. Göttingen: Vandenhoeck & Ruprecht.

Rammert, M. (2013). Die Effektivität eines Elterntrainings im Hinblick auf kompetenzunterstützendes Verhalten der Eltern im häuslichen Lernkontext. http://pub.uni-bielefeld.de/publication/2610121

Wissenschaftlicher Beirat für Familienfragen (Hrsg.) (2005). Familiale Erziehungskompetenzen. Beziehungsklima und Erziehungsleistungen in der Familie als Problem und Aufgabe. Weinheim: München.

Wild, E. & Lorenz, F. (2010). Elternhaus und Schule. Paderborn: Schöningh (UTB).